教育国际化背景下的
基础教育共同体建设理论与实践

黄启明 著

中国纺织出版社有限公司

内 容 提 要

基础教育是奠定人生基石的启蒙教育，在一定程度上决定着个体和国家的未来，构建基础教育共同体对促进教育事业发展至关重要。本书首先介绍了教育国际化的概念，说明了我国基础教育国际化的历程、问题与展望。其次介绍了教育国际化背景下基础教育共同体建设的思路。最后介绍了广西在国际化教育背景下建设教育共同体的实践与思路。

本书可供各级高等教育管理者、高等教育科研人员、广大高校教师及相关专业的研究生学习参考。

图书在版编目(CIP)数据

教育国际化背景下的基础教育共同体建设理论与实践 / 黄启明著. —— 北京：中国纺织出版社有限公司, 2023.8
ISBN 978-7-5229-0978-3

Ⅰ. ①教… Ⅱ. ①黄… Ⅲ. ①基础教育-教育改革-研究-中国 Ⅳ. ①G639.21

中国国家版本馆 CIP 数据核字(2023)第170537号

责任编辑：王 慧　　责任校对：高 涵　　责任印制：储志伟

中国纺织出版社有限公司出版发行
地址：北京市朝阳区百子湾东里 A407 号楼　邮政编码：100124
销售电话：010—67004422　传真：010—87155801
http://www.c-textilep.com
中国纺织出版社天猫旗舰店
官方微博 http://weibo.com/2119887771
北京虎彩文化传播有限公司印刷　各地新华书店经销
2023 年 8 月第 1 版　第 1 次印刷
开本：787×1092　1/16　印张：11.375
字数：180 千字　定价：98.00 元

凡购本书，如有缺页、倒页、脱页，由本社图书营销中心调换

前 言

教育国际化是教育健全发展的应然走向和教育"面向世界"的实然体现,其根本目的在于,世界各国的教育通过国际性的开放、交流与合作,使分散在全球各地的教育资源得到有效的配置和充分的利用,以此实现世界各国教育事业的更好发展,培养出更多、更优质的国际性人才,进而促进整个世界政治、经济、文化等的健康与和谐发展。就人才培养方面而言,虽然基础教育不像高等教育那样体现直接性,但基础教育是奠定人生基石的启蒙教育,其为高等教育的人才培养打好基础。也可以说,基础教育的目标定位和办学水平在一定程度上决定着个体和国家的未来,它的健康发展有利于推进具有国际竞争力人才的培养和扩大中国教育的国际影响力,因此,基础教育在育人过程中的基础性和先导性不能忽视。把握国际政治、经济、文化、教育发展共赢对基础教育人才培养的独特诉求,对深化我国基础教育综合改革、促进人类命运共同体的构建具有重要的战略意义和现实迫切性。

提升基础教育办学质量并有效服务教育国际化,需要整合内部资源、转化社会资源、挖掘境外资源、开发新兴资源,也就是说,构建基础教育共同体成了新时代基础教育内涵发展、有效服务教育国际化的必然选择。"共同体"概念是1887年德国社会学家滕尼斯(Ferdinand Tonnies)在《共同体与社会——纯粹社会学的基本概念》(又译为《社区与社会》)一书中提出的,即"共同体"为通过某种积极的关系而形成的群体,统一地对内对外发挥作用的一种结合关系,是现实的和有机的生命组合。共同体不仅可表示实体,还可以表示关系范围,其以共同的价值追求和精神理念为标志,具有多元性、公共性、共同性、自愿性、可变性的特征。对于当代共同体的生成,不同的学者结合具体的语境会有不同的认识,但总体而言离不开共同的目标、认同与归属感这三个基本要素。事实上,教育共同体作为一种新生事物,进入教育工作者的视野还不是很长,且在理论和实践层面的理解与表述各有不同,故尚无权威的界定。学者陈红梅对诸多"教育共同体"的定义或阐释进行梳理后,认为"教育共同体"的内涵表现为,持有相同或相近的教育价值取向、承担共同的教育伦理责任的多元异质教育主体自愿组成的遵守一定教育范式的联合体即为教育共同体。

要建设好教育国际化背景下基础教育共同体,各教育主体(或教育行为主体)需要落实自身职责并积极、系统地互动,即各级政府加强统筹与协调;业务主管部门积极创造条件,如优化教育管理体制、创新社会参与机制、加强制度建设、注重对各教育行为主体的指导等;学校主动投入,如强化育人责任、强化服务能力、强化引导水平等;家庭紧密配合,如营造良好的家庭氛围、提升家长的教育素质、拓展家长参与的渠道等;社区大力奉献,如完善管理与服务职能、提升治理水平、做好社区教育工作等;社会广泛参与,如"大社会"营造出适宜的环境、社会组织或机构贡献教育良性发展的力量、社会公民的积极参与等。

广西壮族自治区在构建教育国际化背景下的基础教育共同体方面有积极的表现。通过对崇左市A学院附属小学、百色市右江区B小学、北海市C中学、南宁市武鸣区广西—东盟经济技术开发区D中学、柳州市E中学、崇左市F高中、百色市G高中的教育国际化背景下基础教育共同体建设历程的回顾,我们可以看到:一是教育共同体建设起步较早。近似于教育国际化的基础教育共同体建设肇始于第二次世界大战时期的教育国际化思潮,2010年的中国—东盟自由贸易区成立后走向快速发展,尔后在领域、规模、内容等方面进一步扩大。二是途径多样,如各级领导的关注与关怀、教育行政部门的有效指导、校际频繁的交流与合作、学校与社区积极的互动、家校的密切配合、社会各界的广泛参与等。三是成效显著。一方面开拓了学校发展的视野,另一方面增强了学校及其他教育主体的系统互动,此外就是提升了学校的办学质量。当然,广西在教育国际化背景下的基础教育共同体建设也有遗憾之处,主要是不少群体对"教育共同体"内涵与外延的认识不足,校外教育主体参与教育共同体建设的方式与路径有待完善,部分学校主动寻求教育共同体力量不到位。因此,为更好地推进教育国际化背景下的基础教育共同体建设,各级政府、教育行政部门要加大对基础教育共同体建设扶持力度,优化家庭、社区以及社会各界特别是世界各国教育力量互动参与学校建设的路径,学校应积极主动获取教育共同体的生成条件。

总之,生成教育国际化背景下的基础教育共同体是我们的迫切需求,其功在当代、利在千秋。当然,构建教育国际化背景下的基础教育共同体不可能一蹴而就,可谓任重而道远。我们相信,只要政府、教育行政部门、学校、家庭、社区、社会以及全体公民齐心协力,积极互动,理想的基础教育共同体的到来离我们并不遥远。

　　本书为广西教育科学"十三五"规划课题2017年度广西教育科学重点研究基地重大课题(项目编号:2017JD206)研究成果,百色学院教育硕士专业学位建设成果。

　　本书是作者在长期探索基础教育内涵发展的基础上完成的,希望能给广大教育工作者特别是基础教育工作者带来学习与参考价值。当然,本书在撰写过程中也参考、引用、借鉴了一些国内外学者的研究成果,且在书中一一做了标注,在此一并表示感谢。

　　由于作者知识水平有限,书中如有疏漏或不当之处,敬请广大读者批评指正。

黄启明
2022年12月

目 录

第一章 教育国际化与中国的基础教育发展 …… 001
    第一节 教育国际化概述 …… 002
    第二节 我国基础教育国际化必须明确的几个问题 …… 019
    第三节 我国基础教育国际化的历程、存在问题与展望 …… 023
    第四节 建设好教育国际化背景下基础教育共同体的迫切性 …… 043

第二章 教育国际化背景下基础教育共同体建设的思路 …… 047
    第一节 共同体 …… 047
    第二节 教育共同体 …… 059
    第三节 教育国际化背景下基础教育共同体建设的机制 …… 071

第三章 广西教育国际化背景下的基础教育共同体建设的践与思 …… 089
    第一节 小学的基础教育共同体建设实践 …… 089
    第二节 初级中学的基础教育共同体建设实践 …… 116
    第三节 高中阶段学校的基础教育共同体建设实践 …… 136
    第四节 教育国际化背景下广西基础教育共同体建设实践的反思 …… 158

参考文献 …… 169

后 记 …… 175

第一章

教育国际化与中国的基础教育发展

教育国际化是在全球化背景下建立并实施具有国际互认标准、以培养具有国际视野和国际交流能力的人为目标的教育实践过程。在人才培养方面，基础教育虽然没有高等教育那样凸显直接性，但基础教育是奠定人生基石的启蒙教育，为高等教育的人才培养打好坚实基础，也可以说，基础教育的目标定位和办学水平在一定程度上决定着个体和国家的未来，它的健康发展有利于推进具有国际竞争力人才的培养和扩大中国教育的国际影响力，因此基础教育在育人过程中的基础性和先导性不容忽视。从中国教育的实情来看，探索基础教育国际化的格局、路径与方法，既是深化基础教育综合改革的需要，也是国际政治、经济、文化、教育发展共赢对基础教育人才培养的独特诉求，对深化我国基础教育综合改革具有重要的战略意义和现实迫切性。

教育国际化是教育健全发展的应然走向和教育"面向世界"的实然体现。教育开放的全球指向性和教育交流的全球合作性是教育国际化的基本特征，其具体表现为：教育在世界各国之间的交流日益频繁；世界各国的教育在对外开放中呈现彼此合作、互学互鉴、共同发展的状态。教育国际化的根本目的，在于世界各国的教育通过国际性的开放、交流与合作，使分散在全球各地的教育资源得到有效配置和充分利用，以此实现世界各国教育事业更好地发展和培养出更多、更优质的国际性人才，进而促进整个世界政治、经济、文化等的健康与和谐发展。

第一节 教育国际化概述

一、教育国际化概念的综述

美国学者汉斯·迪·威特(2002)归纳总结出与教育国际化概念有关的术语主要有四大类：①研究文献和实践中常用的概念，如国际教育（international education）、跨国教育（transnational education）、高等教育全球化（globalization of higher education）等；②涉及地域性的变体形式和国际化领域中的常用概念，如留学（study abroad）、国际交流（international exchange）、国际合作（international cooperation）等；③与国际化课程有关的概念，如多元文化教育（multicultural education）、全球教育（global education）、国际理解教育（education for international understanding）等。④与功能相关的概念，如全球能力（global competence）和跨国能力（transnational competence）。[1]

这些不同概念或术语的产生来源于不同的动因，在被日渐频繁使用后，由于人们缺乏对其真正内涵的明晰把握而出现糊涂之感，因此也有学者尝试探索教育国际化被混淆的原因。纵观多样化的解释，加拿大学者简·奈特(1997)的看法还是比较中肯的：教育国际化之所以出现如此多的概念或术语，是教育国际化作为概念自身具有的复杂性和丰富性造成的，因而也反映了教育国际化本身的复杂性。[2]

二、教育国际化概念的演进

教育国际化概念的内涵一开始就存在于各种文化交流的早期实践活动中，有着漫长的历史发展过程并呈现出不同层面的诠释，进而推动着教育国际化的演变与发展。

（一）和平与国际理解教育中的教育国际化

一种思想的萌芽与其时代背景和社会现实密切相关，并且是其社会经济和

---

[1] Hans De Wit. Internationalization of Higher Education in the United States of America and Europe: A Historical, Comparative and Conceptual Analysis[M]. Westport: Greenwood Press, 2002: 103.

[2] Jane Knight. Internationalization: Concepts, Complexities and Challenges [M]. Springer: International handbook of higher education, 1997: 207-227.

政治发展的客观反映。例如,大工业革命的兴起引发了不同国家和民族之间的利益分割,地区之间、种族之间以及宗教之间也不断发生冲突。因此,人们希望通过能够奠定和平与幸福的学校及其实施的和平教育来促进各个国家、各个民族之间的相互理解,并在各种利益矛盾之间建立起一座思想的桥梁,于是在19世纪前后逐渐形成了以增进"国际理解"(international understanding)为思想的教育,同时也形成了国际教育发展的重要内容。夸美纽斯的泛智主义、凯梅尼的文化国际主义、巴西多的泛爱主义等倡导的国际和平教育,使教育国际化概念在思想领域得以彰显。

第一次世界大战后,人们从战争带来的死亡恐怖中开始认真思考如何消弭战争进而促成和平,安德鲁斯夫人的奔走和国际教育局的成立推动了以和平为主旨的各国教育之间的沟通与合作。第二次世界大战后,更多国家、机构或组织倍加关注各国教育之间的学习与理解,并希望通过教育功能的发挥和跨国组织的创立给世界带来和平。为此,世界范围内各种与和平教育有关的思想或理论不断涌现,呼吁把发挥民族的教育传统和个性以及在此基础上的世界合作与发展儿童教育的创造性紧密结合起来,将培养他们对他人和不同性质事物具有宽容心和共同心的国际教育概念推陈出新。同时,为尽快恢复国际教育活动,基于文化相互渗透以促进东西方教育接触的行动也推进了不同民族之间的交流,这种以教育的国际主义和民族主义相结合的思想成了这个时期国际教育探索的中心论题。

发展经济、谋求世界平等是20世纪60年代后的主要问题,此时国际合作比国际理解更加符合时代发展需求。在联合国教科文组织的倡导下,增进一切国家、种族或宗教集团等之间的相互理解、宽容或友好关系的活动成了联合国维持世界和平的主要手段。如1974年联合国教科文组织的有关文件指出,需要两种形式的教育以建立持久的和平和国际理解教育,从而实现从战争转向和平。20世纪80年代后,宗教争端、种族问题、民族矛盾、地区冲突是世界不稳定的主要致因。联合国教科文组织相继发布了《为和平、人权和民主的教育综合纲领》(1994)、《国际理解教育:一个富有根基的理念》(1996)等,国际理解教育中的教育国际化概念体现了与多元文化教育、全球教育思想殊途同归的效果,目的在于通过教育实现各种文化、意识形态、信仰等之间的相互尊重、相互接受,进而培养全球公民、创造全球社会。

总体上看,国际教育局和联合国教科文组织在推动教育国际和谐、创立世界美好蓝天方面的努力意在实践国际理解教育,也体现出这一时期教育国际化的发展内涵,其在推进国际理解教育上的名称、实践表现内容与形式虽各有异,但根本的思想或主线都是一致的——反映出教育国际化概念的内涵与必然要求。

(二)发展教育中的教育国际化

"发展教育"(development education)肇端于20世纪初的殖民教育探索,即1927年英国创办了殖民处教育管理机构,但第二次世界大战后随着各殖民地纷纷独立,发展中国家的教育管理机构逐步取代了原有的殖民处教育管理机构,并积极探索通过发展教育来推动新兴国家的经济发展。[1] 因此,"发展教育"便从比较教育研究中独立出来成为一个新兴领域,而且重点是探索非洲和其他发展中国家的教育发展问题。

20世纪50年代后,如何解决世界的不平等问题成为国际社会争论的焦点,此时世界各国也逐渐意识到只有相互依赖才能促进自身更好地发展,无论是发达国家还是发展中国家。澳大利亚比较教育学家特雷舍韦(A. R. Trethewey)就认为:"发展教育顾名思义就是研究教育在所谓的发展中国家所起的作用,其包括一些研究和行动计划,目的在于对某些国家直接有所帮助,让大家认识与理解发展的进程和问题。"[2]不难看出,发展教育显示了对某些后发达国家的同情和帮助,展示了国家间的合作性旗帜,表现了教育的工具性与培训技术运用(如发达国家向发展中国家派遣专家顾问、提供技术和相关设备、免收留学生学费或提供奖学金等)。由此,"发展教育"就具有了教育的国际性意义——对发展中国家的教育援助,同时教育国际化也开始从国际理解教育转变为关注国际合作的发展教育。

进入20世纪60年代,联合国教科文组织便将普及基础教育运动命名为"发展教育",并将教育资助的重点指向普及初等教育。因此,在诸多国际组织、发达国家援助机构、基金会等的推动下,教育合作成了国际教育发展援助的主要内容,如许多国际组织、发达国家向第三世界国家开展落实教育计划、开发教育项

---

[1] 冯增俊.比较教育学[M].南京:江苏教育出版社,1996:153.
[2] 赵中建,顾建民.比较教育的理论与方法——国外比较教育文选[M].北京:人民教育出版社,1994:24.

目、进行综合考察等教育援助。特别是80年代,随着规划教育改革,改革教育概念以促进欠发达国家的发展和现代化的教育援助转变,开展地区性援助计划、设立海外分校、与外国院校建立姊妹关系、实施跨国攻读计划等国际教育援助如火如荼地开展。❶ 如此新兴的发展教育运动赋予了国际教育新活力,并通过教育的理解与合作实现了彼此的对接,同时通过不断扩展与国际教育的交流也为后发达国家的国际教育交流打开了道道窗口并不断融入国际社会。

20世纪90年代以来,发展教育援助已经基本褪去了冷战时期的味道,凸显出从经济高度依存的全球化教育援助、教育合作转变为国际教育贸易的走向,从而体现出了教育国际化的新内容。事实上,在人类文化交流的发展史上,发达国家和后发达国家之间从未间断过相互联系。因此,从这个意义上讲,"发展教育"就是世界各国对于全球性并超越国界的教育问题的一种关注与行动,它依赖教育推动各国的可持续发展,是人们力图通过教育合作促进相互联系、相互理解、相互发展的必然结果,也是人们对教育具有国际主义精神的注解,更是教育国际化思想的体现。换言之,教育国际化之路是世界各国通过教育的交流、援助、合作走向发展与繁荣的必由之路。

(三)多元文化教育中的教育国际化

"多元文化教育"(Multicultural Education)概念兴起于20世纪50年代末至70年代的族群关系研究,即20世纪50年代,美国的种族冲突掀起民族复兴运动,加上民权运动、反战运动、妇女解放运动等的出现,不同种族或民族的文化传统与价值观念的隔阂加大,进而引起了文化方面的冲突和思想争论。20世纪60年代至70年代间,不少西方国家存在大量移民涌入的现象,不同文化间的冲突也在加剧,并威胁着国家的安全。

不同文化的相互冲撞引发意识形态领域的激烈渗透和争夺,并出现了种族隔离和种族歧视问题,试图通过教育教学建构多元文化教育环境以促进教育的民主化和多样化发展成了时代的新要求。来自美国社会民族理论的文化多元主义和文化人类学中的文化相对理论对此时的教育国际化概念产生了深刻的影响。文化多元主义认为,在一个多民族国家里每个民族群体都可以保留本民族的语言和传统文化,与此同时,每个民族都应该融入国家的主流文化中去,为此

---

❶ 徐辉,辛治洋.现代外国教育思潮研究[M].北京:人民教育出版社,2008:88.

国家也需要通过出台一定的政策使每个民族或种族享有平等的文化认同权、社会公平权和经济利益需求。美国教育人类学家葛阮德（Carl A. Grand）就指出，多元文化教育是基于针对所有人的多样性力量、社会公正及不同生活选择基础上的人性概念，它不仅仅是对不同文化的一种理解，而是认识到不同文化可以作为彼此区别的实体而存在的权利并能了解到文化对社会的贡献。❶ 文化相对主义认为，每种社会文化都有它自己的内在价值与特色，人的思想感情、生活方式等都是由特定的社会文化塑造的。总体上看，文化多元主义坚持文化的多样性与差异性，在教育方面强调打破国家界限和族群界限，以国际的视野和开放的观念促进不同文化之间的相互理解与包容，从而推动多元文化的融合；文化相对主义尊重不同文化的相互差异，谋求各种文化的并存。可以说，文化多元主义和文化相对主义在本质上是基本相同的，进而使得以促进多元文化教育发展的教育国际化概念无论在思想上还是在实践上都成为这一时期的主线。

此外，教育机会均等（equal educational opportunity）理论也在推动着教育国际化概念的发展。所谓教育机会均等，简单地说就是每个人享有平等的受教育权利，不能以性别、种族、民族、文化、宗教信仰、家庭经济状况、身体残障等为理由减少或剥夺他们的受教育机会。美国多元文化教育理论专家班克斯（James A. Banks）就认为，多元文化教育的目的是改变教育的环境，以便让那些来自不同种族、民族、阶层以及性别的学生在学校获得平等的受教育权利，从而在社会化进程中获得成功。由此可见，教育机会均等从某种意义上讲有利于各民族的学生享有平等的受教育机会，并在多种文化并存的教育中更好地理解和把握本民族独有的文化与特点，同时也更好地接触、理解、尊重其他民族的文化。

总之，作为多元文化教育的教育国际化希望通过教育的力量消解社会中各族群、团体、文化的歧视与偏见以及不同种族或族群的对立与冲突，进而促使社会上各族群、种族或群体能够相互尊重、欣赏、包容与学习。多元文化教育也关注不同文化背景的学生能够获得均等的教育机会，协助学生发展积极、正向的跨文化观念、态度与行为，尊重人性尊严和基本人权。随着全球化力量的推动，不同国家、不同民族和不同文化的教育跨国流动交往日益频繁，各国教育之间的相互联系和相互依赖也日益增强，通过认识文化的多元性、了解并尊重不同的文

---

❶ 滕星.族群、文化与教育[M].北京：民族出版社，2002：94.

化、培养不同群体的文化意识与能力,成了教育国际化概念的重要内涵及发展目标。

(四)跨国教育中的教育国际化

跨国教育语境中的教育国际化概念与形式产生于早期的历史交流之中,如早期欧洲大学学生的跨境游学,就属于初始的跨国教育范畴。

20世纪80年代后,随着全球经济贸易与投资的扩大、通信技术的发展,新形式的跨国教育不断涌现,并逐渐成为各国开展教育开放、交流、合作与竞争的主要表现形式。90年代世界贸易组织出台的《服务贸易总协定》就明确规定:"除了政府提供的公共服务领域,任何领域的任何服务都应该对外国开放,使国际贸易成为可能。"这一宗旨明示了全球化要与教育开放直接联系起来。正因为如此,学生的跨国流动在增多,基于电子媒介的跨国学习也在增多,进而促进了高等教育产业的增长,也提升了世界贸易组织、世界银行、跨国公司等国际组织或机构对教育的影响力,并出现了诸多新型的教育提供者。[1]

与跨国教育(transnational education)概念相近的有跨境教育(cross-border education)、境外教育(off-shore education)等。跨国教育全球联盟(The Global Alliance of Transnational Education)1997年将跨国教育定义为:任何教学或学习活动,其中的教育提供者和学习者分属于不同的国家,活动中的师资、教材与学习内容等跨越国界,模式上包括设立国外分校、课程授权、远距教学等。跨境教育指的是学生、教师、机构、项目、教育提供者、课程材料等跨越国家边界的情况。境外教育指在国外举办教育,带有明显的出口指向。[2]

显然,跨国教育与跨境教育、境外教育是有区别的,跨国教育仅指项目、机构、人员的流动;跨境教育范围广阔,其中包括以营利为目的的教育服务贸易(GATS贸易框架)和非营利性的教育流动;境外教育主要为教育的"输出"。事实上,跨国教育除了具有一种外显的经济利益外,还可增进多元系统之间的相互了解、提升各国的教育品质、促进人类的共同发展,并且能发挥维护世界和平的功能。因此,跨国教育反映了国家和教育机构的战略关系,是教育国际化概念在新情境下的突出表现,是教育国际化概念的新内容和表现形式,也是世界各国回

---

[1] 顾建新.跨国教育发展理念与策略[M].上海:学林出版社,2008:65.
[2] 顾建新.跨国教育发展理念与策略[M].上海:学林出版社,2008:57.

应经济全球化发展的应然策略。

(五)全球教育中的教育国际化

20世纪两次世界大战的浩劫造成了人类彼此间的不信任,也由此引发人们思考——如何培养具有国际化与和平观念的公民,并通过教育来促进民族国家之间的和谐与友好关系。在这一情境下,全球教育(global education)概念应运而生。

20世纪90年代以来,随着经济与技术的影响力不断扩大,"全球化"(globalization)成为一股不可抗拒的洪流,不断促动人们去重新解决世界、改变人们对世界的认知图像——全球化将使世界各人种更加紧密合作才能促进共同繁荣。[1] 随之,国际组织、跨国公司、区域性非政府组织、个体公民等各民族国家之外的行为体使得全球体系更为多样与复杂,同时一体化的经济合作逐步超越政治关系,并在通信新技术的作用下不断加强了人们之间的相互关系。如此种种的现象或行动冲击着全世界,人们急切地需要教育能回应这一全球化潮流与挑战,希望教育能够培养出具有适应全球化世界知识和技能的世界公民,同时教育能成为促进国际理解与合作的新力量。为此,学校作为改进社会的一种重要机制元素,理应肩负起并发挥出改良社会的责任和功能,且成为调适国际合作进程中的主要角色和促进势力。于是,培养具有全球素养的公民成了促进国际理解与合作的教育新理念,全球教育视野中的全球教育成了教育国际化概念在新环境中的新发展形式。

美国全球教育家泰耶(A. K. Tye)认为,全球教育是一种社会运动、一个研究领域和一种竞争需求,全球教育作为一种社会运动其价值在于促进世界的相互了解与合作,全球教育家应致力于建立一种帮助他人理解和调整国际关系的新范式。[2] 不难看出,全球教育是为了培养全球意识、建立全球公民社会、增进跨国理解与沟通的"世界公民"的新教育。

如何才能实现全球教育?从实践上看,它主要是通过课程改革来完成的。具体地讲,全球教育主要以"全球研究"为课程目标,将全球视野融入所有的课程

---

[1] Moises Naim. The FP Interview: A Talk with Michael Camdessus about God, Globalization and His Years Running the IMF[R]. Washington: International Monetary Fond, 2000: 32-45.

[2] A. K. Tye(ed.). Global Education: From Thought to Action[R]. US: ASCD, 1991: 162.

内容，促使学习者了解当今社会的转变及提升对全球问题的解决能力，同时培养学习者增强对彼此间相互依赖的认识并致力于普遍性伦理道德的养成，最终创造出一个更为公平公正的全球社会。如英国在20世纪90年代就将"全球性"纳入国家课程，2002年9月起强制进行公民教育并强调欧洲及更大范围公民应承担的义务和具有的权利。

可以看出，全球教育是一种特殊分析全人类问题的概念体系，正如教育学者安德森（Lee F. Anderson）所认为的，全球教育更加强调现代世界的"统一性""整体性""相互依赖性"与"体系"。❶ 全球教育强调各国之间的文明对话，重点培养学生的跨文化适应能力，致力于具有世界素养公民的培养，是教育国际化在新社会时代中的新发展，是教育国际化中跨民族、跨文化国际维度显著增强的重要表现，是人类不断加强主动、自觉文化交融的一种反映，也是世界多极化进程发展的必然内容。从这个意义上讲，教育国际化概念内隐全球教育，教育国际化是教育未来发展的必然方向。

三、教育国际化的本质特性及其规定性

一些国家和地区在很早以前就开始了教育的开放，进行了彼此之间包括教育在内的文化交流与往来，因此蕴含着教育开放交流特质的教育国际化概念一开始就存在于各种文化交流的实践活动之中，有着漫长的发展过程。早期，初步的教育开放与交往主要表现为教育思想的传播，体现在以非官方的学者和学生的跨国流动为媒介。这些零散的教育交往与相互作用，在一定程度上推动了传统教育的变革。

16世纪以后，随着欧洲民族国家的兴起，尤其是以大工业运动为主要特征的工业化的推进，教育的开放成为现代教育重要的规定性。客观上由于世界市场的不断开拓，各国交往与彼此间依赖性在加剧，同时，科学技术水平决定着工业化程度的高低，也是影响社会生产力发展的重要因素。可以说，社会的发展和人类文明的整体进步，需要大力提高社会的科学技术水平以提高工业化水平进而推动社会生产力的发展，而科学技术水平的提高主要依赖于大量高水平的科

---

❶ Lee F. Anderson. An Examination of the Structure and Objectives of International Education[J]. Social Education,1968,32(3):640.

研人员和技术工人及其不懈的努力与无私的奉献。从根本上讲，这些由高水平的科研人员和技术工人形成的人才队伍初始来源是通过教育来完成的，所以各国需要发展教育，而教育的发展不仅依靠境内力量，同时也有赖于可利用的境外资源的积极贡献。这样各国开始重视教育的对外发展，面向世界，开始重视学习国际先进教育经验，探讨建立起新型的教育体制，从而使国家在竞争中立于不败之地。此外，各国通过教育开放加强跨国、跨种族、跨文化教育的交流与学习，又进一步推动了教育的现代化发展。

20世纪上半叶，人类经历了两次世界大战，许多有识之士相信，教育文化的传播与交流，广泛地进行教育合作有利于各国培养能够理解、同情和帮助其他国家和民族的公民。冷战结束后，世界多极化发展，国际竞争不断加剧，人类发展面临与贫困做斗争、授予妇女权力、促进人权和民主、保护环境以及控制人口增长等越来越多超越国界的、共同的难题和新的挑战，加上科学技术日新月异的变化，教育也获得了进一步的发展，教育的领域、数量规模、质量等方面在国际上都有了大幅度的拓展或提升，且进入一个与文化日益频繁对接并相互依赖的情境。可以说，培养具有全球教育能力与多元文化意识并具有有效参与复杂国际事务的公民，以此维护世界和平和促进人类共同繁荣，成了当代教育的内在规定性。

就中国而言，自1983年提出"教育要面向现代化，面向世界，面向未来"以来，我们在新时期教育改革与发展的方向更清晰、目的更明确，那就是中国的教育必须加强与国际交流和合作，由此提升教育在服务现代化和未来方面的能力，最终提高中国和中华民族在世界上的竞争力。中国的教育要面向世界，需要做好四件事情：①我国的教育要处于世界先进水平之列；②要实现中国教育与国际教育的友好对接；③要深入了解和学习世界其他先进的科学技术与教育经验；④要培养学生具备面向世界所需的素质。换言之，就是中国的教育要走国际化的发展道路，才能有效服务现代化建设，才能适应未来的发展需要，也才能提升中国的综合国力。当前中国的发展需要大量具有国际视野的复合型人才，因而教育国际化变得更为迫切。

不难看出，教育国际化的内在本质特性，一开始就存在于人类教育实践活动之中，随着时代的发展而发展，其内涵也在不断地得到丰富和完善，但其根本没有变，即教育需要跨国、跨种族或民族与跨文化的不断开放、合作与融合的基本特征没有改变。

(一)教育国际化的内涵梳理

1. 国际化

要认识和理解"教育国际化",首先要看什么是"国际化"。从词义上来看,"国际"和"国际化"都来自英语国家的外来词语。"国际(International)"在英语《韦氏新国际字典》(Webster New International Dictionary)中的解释是"存在于国家及其公民之间的;与国家之间交流有关的;由两个或两个以上国家采用的或影响两个或两个以上国家的","国际化"作为动词来讲是"使……在关系、影响或范围上成为国际性的"。❶ 美国的芭芭拉·B. 伯恩(Barbara B. Burn)教授将"国际化"定义为:"国际化就是从非国际的状态到国际的状态。"❷

"国际化"概念常被用来描述不同的跨国经济活动,即世界各国通过跨国流动或转移经济资源,以此持续地增进经济资源在国际市场的涉入程度,并形成规模、业务范围、影响力超出任何一个国家范围的国际性经济态势,同时各国在商品生产与交换的相互联系和相互依赖逐渐增强的过程。在国际政治关系中,从关注国际化与全球化的区别中可以看出国际化的一些特征。如学者扬(R. Yang,2002)认为,全球化本质上仍以经济为主要的考虑,强调的是竞争、剥削、适者生存的法则;而国际化比较着眼于人类的共同利益,形式上有较多的合作、协同、分享与利他、讲究互惠的原则,一般是通过双边或多边进行流动,而且常常体现出较为谨慎的质量控制。❸

由此可见,广义的"国际化"概念具有这些特质:①它是一种两个或两个以上国家间的活动;②活动是双向性的,即一个国家既有资源输出到国际中又有资源从国际中输入本国,且呈现双边或多边竞争、合作与冲突的变化状态的相互联系和相互依赖的关系;③它基于一种共同的利益机制,即都是为了本国更大的发展以及国际更好的发展。

2. 教育的"国际性"

不同学科领域对"国际化"有不同的理解,就教育而言,教育的国际化就是要

---

❶ 杨启光.教育国际化进程与发展模式[M].北京:社会科学文献出版社,2011:58.

❷ Willam H. Allaway. Dimensions of International Higher Education[M]. Bold:Westview Press,1995:19.

❸ R. Yang. University Internationalization:Its Meanings Rationales and Implications[J]. Intercultural Education,2002,13(1):81-95.

理解教育的国际性,即教育的国际状态。

首先,教育的"国际性"是教育的本质特征的必然要求,是知识的国际性、流动性与公共性的体现。知识的探求、传承、应用与发展需要通过国际学术界的交流和集体努力才能得到极大的推动。教育的本质是以整个世界的知识为内容的文化的传承和创造。而教育的根本目标在于发展人,也就是说,各国都在致力于人类知识的扩展,且通过知识的拓展来认识自然、改善人的基本素质结构、促进人类的相互理解,这就决定了教育具有国际性和普遍性的特征。随着资本、技术与信息的全球流动,当代各国教育的一个共同任务就是应用人类共同的普遍性真理、知识成果与科学技术来解决世界共同性问题。

其次,教育的"国际性"指教育是一种国际现象。教育作为人类一种重要的社会实践活动,其在世界发展进程中扮演着重要角色。譬如,世界上任何一个国家、民族文化的延续都必须依赖教育,任何一个国家的经济发展与繁荣也都必须依托教育的发展。但是同时期不同国家、不同民族的教育发展又是不平衡的,因此不同国家、不同民族的教育只有互相帮助、互相促进、互相交流才能不断协同进步。这一教育的国际性决定了教育常常成为国际合作交流的重点领域,也是人类社会发展的历史必然性,更具有现实的必要性。

最后,教育的"国际性"实质表现为不同文化间的交融。教育与文化有着千丝万缕的联系。"教育是文化的一部分,又是一个特殊的高级文化体,它作为一种生命机制,成为文化产生发展的不可或缺的因素或部分。"[1]实践证明,教育作为文化的一种传播路径与生命机制,从国际性的角度讲它促进了各国文化的跨国传播或流动,达成了不同国家文化的相互交流、学习与交融,并在此基础上推进了各国文化的更新或国际新文化的产生。

(二)教育国际化的定义

基于上述对"国际化"以及教育的"国际性"的梳理,不难看出作为文化发展机制的教育要实现国际化必须对外开放(即教育要实现跨国传播或流动),并在对外开放中互相依存与融合。事实上,世界面临诸多需要文化来解决的问题(如政治霸权、经济发展两极化、军事威胁、环境污染、人们生命健康保障等)是教育需要国际交流与合作的目的,而文化(或知识)本身的无国界性为教育的跨国传

---

[1] 冯增俊.教育人类学[M].南京:江苏教育出版社,2001:234.

播或流动准备了前提条件和基础,世界各国传统教育文化的多元性和差异性为教育的跨国流动与合作提供了可行性。由此,有学者认为,"教育国际化"是世界各国之间教育的跨国交流、合作与融合的过程,也是教育的国际性不断增强的过程,其目的是世界各国的教育通过不断地"走出去"和"引进来"的方式,更好地利用和配置有限的教育资源以提升本国的教育质量与水平,同时推动人类多元文化之间的理解与融合,最终助力各国政治、经济、文化、环境等的更好发展以及国际政治、经济、文化、生态等的协调与繁荣。❶

(三)教育国际化的层次

1. 世界教育国际化

从世界教育历史发展角度看,具有现代意义的教育国际化突出表现为教育的开放性、依存性与融合性,而具有现代意义的世界教育国际化是伴随工业化与现代化发展而形成的,它经历了第二次世界大战后发展教育援助的国际主义发展时期、20世纪90年代以来教育的新跨国主义发展时期以及不断走向全球教育发展等进程。世界教育国际化进程的发展逻辑在不同发展阶段有着相应的形式,形成了不同的发展模式,具有独特的发展机理与特征。

2. 区域教育国际化

区域教育国际化探讨的区域包括跨越国界的具有一定自然地理特征的地域单元,或者是具有相同语言、信仰和民族特征的人类社会聚落。区域教育国际化是世界教育国际化的一个组成部分,其主要表现为知识、人员与教学在一定区域之间进行传播与共享,突出一定区域内的质量保证与学位认证,目的是促进区域的教育走向一体化。

3. 国家教育国际化

教育国际化是跨越国界的教育交流、合作与融合,其主体是国家,特别注重不同国家的教育如何与国际关系在不同时间与空间上形成互动、如何通过教育的开放与合作来变革教育,使之实现教育的现代化,其往往更多地体现了国家政治、经济与文化格局的相互渗透与制约。由于不同发展水平的国家处于不同发展阶段,具有不同的教育国际化动因,其发展也是不平衡与不等的,因此在发展

---

❶ 杨启光.教育国际化进程与发展模式[M].北京:社会科学文献出版社,2011:62.

模式上将会形成各具特色的教育国际化。

4. 学校教育国际化

从层次上看，学校教育国际化主要包括基础教育国际化和高等教育国际化。高等教育的主要功能为教学、科研、社会服务、文化传承和国际化教育，其中以高素质的专业应用型人才培养为核心任务。基础教育是为高等教育打基础的教育，在人才培养方面的主要体现是为高等教育专业性人才的培养输送数量充足、质量合格的毕业生。就基础教育而言，其国际化就是中小学的培养目标、课程设置、教学手段与方式以及学生的发展水平等要"走向世界"。具体地讲，就是基础教育阶段的中小学的培养目标、教育理念、课程结构与体系、教学方式、管理模式等要与国际基础教育接轨，并以培养出熟练掌握该年龄段所应有的知识与技能且具备国际素养的学生为重要的产出标准。而要实现这一目标，需要基础教育阶段的中小学很好地"走出去"与"引进来"，通过与国外中小学以及其他教育机构或组织的友好交流、合作与融合，以此不断提升自身的国际化教育理念、强实办学的硬件与软件并做好各项教育教学管理工作。因此，为适应教育国际化这一必然发展趋势及其内在要求，基础教育阶段的中小学需要依据自身实际，与时俱进更新教育理念，加强课程与教学方式面向世界的改革，注重学生外语及历史、地理、人文等知识与应用能力的培育，畅通与世界其他国家基础教育在各种项目方面的交流与合作的方式、路径或渠道，以此奠定学生将来在国际社会环境中生活、工作应有的意识、知识与技能的基础。

(四)教育国际化的主要特征

1. 教育的开放性

开放性既是社会走向现代化、人类文明进化发展的基本动力，也是教育国际化的一个显著特征。美国人类学家斯塔夫里亚诺斯（Leften Stavros Stavrianos）教授认为，文化进步的程度取决于一个社会集团向其邻居们所能获得经验学习机会的多寡。[1] 作为人类文明重要内容的教育现代化进程就是各国教育不断走向开放与学习的过程。教育的开放性是由社会发展的开放性特点和各国教育发

---

[1] 斯塔夫里亚诺斯.全球分裂——第三世界的历史进程（上册）[M].迟越,王红生,等译.北京：商务印书馆,1993:37.

展的差异性所决定的,从教育国际化的实践上看,"开放"永远是它的关键。例如,初始阶段,表现为极小范围的教育交流,到近代工业化发展导致现代生产方式出现后,人们的社会生活范围与内容极大扩展,民族国家的教育逐步开放,不同国家之间的教育开始相互学习与借鉴。第二次世界大战后,基于国际政治关系格局翻天覆地的变化,发达国家与发展中国家为了寻求彼此的需求和政治影响开始了教育开放范围的扩大,在人员流动、学术研究、项目开发等方面寻求援助与合作,进而彼此获得更多的国际空间。20世纪90年代以来,经济全球化的进程推动了世界各国频繁的交往,相互依赖性也日益增强,形成了生产要素的区域化、国际化,同时也促成了教育市场的竞争局面。跨境教育、跨国教育、境外教育的不断发展促使各国在教育发展中的依存度提升,进而加快了教育开放的步伐,并在教育开放的大范围、全面性、深层次上颇为凸显。

可以说,没有教育的开放就没有教育的国际性,没有教育的国际性就没有教育的国际化,没有教育的国际化就没有全球教育的理解、合作与繁荣发展,没有教育国际化也就没有人类文明的进步和世界的稳定与和平。因此,是否从共同发展的视野中突破国家、种族、民族的界限而着眼于面向世界的开放,既决定着本国教育质量的改善程度,决定着本民族教育现代化的发展程度,也决定着教育能否在促进世界多样性文明的繁荣与创新中作用的充分发挥。概言之,教育的开放性是教育国际化的先决条件与重要特征。

2. 互动的教育交流与合作

教育国际化以教育的交流与合作为重要内容,而从根本上讲,教育国际化也是文化的交流与合作,因而需要遵循文化交流的一般规律。教育的输出、接纳和冲突是教育交流与合作过程中的基本样态。教育文化的交流与合作受制于多因素的影响,尤其在不同国家、不同地区处于社会经济和文化发展不平衡的时候。正因为如此,实践中就出现了教育文化的交流与合作通常是比较发达、先进的国家或地区的强者文化向相对落后国家或地区的弱者文化的传播与辐射,而相对落后的国家或地区通过吸收比较发达、先进的国家或地区的教育文化之成就与经验后会发展出新的文化,并将发展出的新文化回馈或反哺于比较发达、先进的国家或地区。这一情态正是教育面向世界所形成或产生的一种去旧纳新、集益创新的作用,其最终的结果是促进人类文化的进步与繁荣。譬如,美国开始发展高等教育时便学习与借鉴英国、德国、法国的高等教育体系,其过程是先是照搬英德法的教育模式、课程设置与学校管理制度等,尔后结合本国、本民族的工农业、社会发展的实际加以消化、吸收、改造,进而形成了独具特色的美国高等教育体系,然后将创新的高等教育体系回馈给英德法所仿效。

总之,世界教育国际化与国家教育国际化的不平衡性导致了教育国际化发展的不平衡性,从而也决定了教育国际化是一种不断互动交流、相互补充、精益求精的发展进程。

3. 与国际关系相互作用

国际关系一般指主权国家间政治和经济的关系,且主要表现为国家权力、利益追求和军事力量之间所形成的复杂关系。真正的国际关系或者说科学意义上的国际关系处于人类社会生活的国际化进程中,是在世界范围内的政治经济联系的基础上形成的各国相互关系的整体,是国际行为主体之间发生的各种社会关系的总体系。[1] 其中,主权国家及其代表的政府是最基本、最重要的行为主体,而国家利益是影响国家关系的最基本因素。国际关系虽然主要涉及国家间的政治关系,但它又是跨学科的,包含了经济贸易、文化交流、外交、参与国际组织、战争等方面的各种领域问题。

教育属于国际关系中的一个特殊问题领域,其与国际关系有着密切的联系。一方面,国际关系深刻并持久地影响着一个国家国际教育发展的广度与深度。另一方面,一个国家的国际教育的发展又是国际关系的一部分,且总是反映和服从于国家利益,各个国家的国家利益是决定教育的根本因素,我们可以从教育的国际发展状况中观察和认识国际关系的样态。由于教育具有规范性与稳定性的特征,因而通过国际性的教育交流、扩散与合作是一个国家文化延续或向前发展的基本方式,并通常成为国家对外文化事业的主要组成部分,并在国家发展国际关系中发挥着重要作用。不同国家的教育,会在不同的时空领域与国际关系互动,且教育在国际关系中的存在状态通常表现为各国教育之间的交流、合作、竞争与冲突。

纵观世界范围内教育国际化实践的进程,各国间的教育尤其是近代以来的教育,其或交流合作或竞争冲突,正是国际关系深刻影响下的时代性嬗变。发达国家与发展中国家的教育国际化发展有着不同的模式,不平等国际关系的影响

---

[1] 张贵洪.国际关系研究导论[M].杭州:浙江大学出版社,2003:2.

推动着当代的国际教育必须关注世界性问题——世界的安全、欠发达国家的发展、文化的多元化并存等。全球化浪潮更是把所有国家的教育推向国际关系的异动环境之中,经历着各国教育之间的交流、合作、竞争与冲突博弈,因而我们需要从教育的国际关系的角度去认识教育国际化的内涵,客观考察不同国家的教育与国际互动中形成与发展的进程,并以此作为探索不同国家如何选择教育国际化模式的主要切入点。

4. 推动民族国家的教育不断走向现代化与世界

放眼世界,学习与借鉴他国先进的教育经验、引进或模仿新的教育体制与制度、创新发展切合自身的教育模式的历史进程,体现了不同民族的教育从无到有、由低到高的发展历程。具体到不同的民族国家,通过不同国家和地区之间的教育交流、碰撞、融合与创新,是现代教育发展的一条重要规律。[1] 一个民族国家通过教育的开放、交流、学习与创新的教育国际化,是这个民族国家在外部巨大发展压力下奋起努力赶超先进国家的教育,寻求自身教育走向世界一流发展的历程。

工业的现代化是以科学技术为基础的,其逻辑是:要提高工业生产力就需要提高工业的科技水平,要提高工业的科技水平就需要培养高水平的科学家和技术工人,而要培养出高水平的科学家和技术工人,主要依靠发展现代化的教育来完成。第二次世界大战后,各国肩负着尽快恢复经济发展的任务,基于教育对经济发展的功能,对教育的投资成了最重要的经济投资,因而教育既成了医治贫困与落后的灵丹妙药,也成了根治战争的重要手段或途径。

通过教育投资,人力资源需要面向世界,学习与借鉴他国先进的教育经验,并进行教育的改革与创新以提高教育质量,这样才能推动经济发展走向现代化。20世纪90年代,在经济全球化背景下面向世界就是要求教育在人才的素质结构培养中要切合现实与未来的国际社会在政治、经济、文化等方面发展的要求,依据区域和国际性的教育质量标准,建设出具有世界一流水准的教育体系,为真正培养出面向世界的优秀人才打好基础。在教育的发展过程中,只有通过了解、学习、借鉴科学先进的国际教育经验,才能更好地把握教育发展规律,只有结合本土实际才能形成其他国家、民族可以接受和承认的、具有国际通用性教育水准

---

[1] 田正平,肖朗.教育交流与教育现代化[J].社会科学占线,2003(2):139.

的教育体系。

从这一层面看,教育国际化概念体现的就是各国不断追寻民族教育的国际一流竞争力,并走向现代化、走向世界的进程,同时着眼于教育目标的现代性和先进性,为此教育必须不断地对外在的教育环境作出能动性回应,并在面向世界的意识中不断建立起新的教育管理体系和质量保障体系,调整公共管理策略,重组整个课程体系,革新教育理念和教学方式,进而实现从以教师为中心到以学生学习为中心的教学方式和学习方式的转变。

5. 致力不同民族文化交流与融合的不断增强

世界范围内的教育国际化发展历程也是教育推进不同民族或种族文化相互交流与融合增强的发展过程。从实践的考察上看,不同民族或种族的文化经历着从单向流动到双向交互、从不自觉流动到自觉挖掘的发展过程。在早期,不少国家或地区曾经出现过民族主义的"文化优越论"行径,即文化输出国或地区以蔑视的姿态对待输入国或输入地区的文化,且推行文化殖民策略,而被文化输入的国家或地区则极力地拒绝与外来文化的融合,这一情态给世界的健康发展和人民的健康生活带来了灾难与浩劫。苦尝这一弊病后,人们开始以尊重和理解的态度看待其他民族、种族、地区或国家的文化,因而也开始了主动、自觉的文化交流与融合。[1]

世界范围内的教育国际化的实践进程,正是不同国家或民族通过教育同时性的开放式"输出"与"引进",使不同国家、民族甚至种族文化由初期的个别与零散到广深,由不自觉到自觉的跨国界理解与融合,且在实践中不断丰富和增强的过程。换言之,一个国家、民族或种族只有在教育方面不断对外开放并面向世界,同时在自身教育实践基础上按照世界教育发展的普遍规律与其他国家、民族或种族的教育给予有机融合,才能存在同中求异中凸显个性、彰显魅力。也正是由于各个国家、民族或种族的教育放眼世界,敞开胸怀消化吸收其他国家、民族或种族的教育文化,才将过去不被外界所知或看好的民族教育和文化被激活,并成为其他国家、民族或种族学习与借鉴的范例。而一个国家、民族或种族要想自己的文化被其他国家、民族或种族所承认、看好与接受,除了这个国家、民族或种族需文化开放外,更需要将这种文化进行先进性、生命力、高水平的打造,并通过

---

[1] 张应强.文化视野中的高等教育[M].南京:南京师范大学出版社,1999:167-168.

教育的途径向外输出才能走向世界。

因此,一个多元民族文化共存并受到彼此理解、接受与融合的世界,必须依托教育跨民族或种族、跨国间的相互作用与相互影响,而教育国际化正好满足了不同国家、民族或种族文化需不断交流与融合才能持续增强的这一内在需求。

第二节 我国基础教育国际化必须明确的几个问题

对中国来说,基础教育国际化仍是一个十分复杂的概念,要准确把握其本质就需要从多角度、多层面去理解。一是要明确我国积极推进基础教育国际化的动因。从理论与实践上看,我国加入WTO后做出的有限承诺(即允许外方为我方提供教育服务)是我国基础教育国际化的根源与起点。二是要明确我国加入WTO发展10年后为什么又主动谋求基础教育的国际化发展。我国的基础教育国际化与西方追求的基础教育国际化不尽相同,中国基础教育的国际化突出表现为推进我们自己的素质教育改革并实现教育现代化。三是要明确基础教育哪些领域可以开展国际化实践,即要清楚我国基础教育在国际交流与合作方面的基本框架问题。四是要明确我国基础教育国际化的作用。从根本上讲,我国基础教育的国际化是要为高层次国际化人才的培养奠定坚实的基础,为人类的教育发展做出贡献。为此,有学者认为中国的基础教育国际化是中国在基础教育阶段为适应国际教育服务贸易规则和深化素质教育改革、推动教育现代化而开展的有关学校教育实践探索和改革的过程,它以国际交流与合作为基础、以融合学校教育发展的世界眼光和本土情怀为追求,在国际基础教育援助、国家之间的课程借鉴、中小学生的跨境学习以及教育理念与模式的借鉴等领域开展双向互动,最终体现全球化时代人类教育发展的新趋势。❶ 基于这一概念的理解,我们需要清晰我国基础教育国际化的几个问题。

一、我国的基础教育必须国际化

基础教育是各级各类人才发展需要接受的基础性教育,其直接关系到一代

---

❶ 杨明全.基础教育国际化:背景、概念与实践策略[J].全球教育展望,2019,48(2):55-63.

新人的发展水平和全体国民的整体素质。基于基础教育这一重要性与特质性，有人产生了疑虑：如果基础教育走向国际化，中小学生世界观、价值观、人生观的形成是否会受到不利影响？中国传统文化是否会中断或被西方文化侵蚀、腐化或取代？甚至有人公然反对基础教育国际化，认为基础教育国际化无非是西方发达国家实现其殖民统治的一个重要领域而已。教育在增进国家之间相互交流与合作的同时，也是现时西方发达国家殖民统治的一项重要内容和文化殖民的一种重要手段或途径。[1]

以上的担忧并非毫无道理。因为中国基础教育国际化意味着中国的传统优秀文化伴随着教育的交流与合作"走出去"，同时国外的文化也会输入进来。在输入进来的国外文化中，有些文化是具有积极性的，如美国蕴含"尊重、责任心、关心、公平正义"的个人主义和自由主义的传统文化；英国展现"含蓄、内敛、平和、礼貌、守信"的传统绅士文化；日本凸显"个人自由与社会责任相统一"的"道"文化；新加坡的"孝亲、礼让、公德心"的文化，这些是有利于我国中小学生身心健康发展的。但是有些文化则会腐蚀我国中小学生的身心，如性开放、暴力动漫、拜金主义、享乐主义、霸权主义、军国主义等文化。也就是说，中国的基础教育在"引进来"和"走出去"的过程中，以中国优秀传统文化为引领的中小学生世界观、人生观、价值观的养成必然会受到国外种类繁多的文化的冲击，如果我们不注意把控，中小学生必然会受到国外腐朽思想与文化的侵蚀或腐化，进而造成世界观、人生观、价值观方面的扭曲。然而，我们又必须清醒地认识到，基础教育国际化已是当今教育发展势不可挡的洪流，也是教育全球化不可或缺的组成部分。因为各国在全球范围内的竞争最终会落到人才的竞争上，而人才的竞争不仅体现在高等教育人才培养工作的健全与完善，同时也下移到基础教育的竞争，即如何办好基础教育以此为高等教育的人才培养工作打好基础。因此，我国基础教育阶段的中小学教育必须根据自身实际努力面向世界，主动参与教育的国际交流与合作。从实践上看，我国基础教育在国际化的进程中，不仅实现了教育理念、教育目标、课程设置、教学方式与手段等的与国际接轨，同时也吸引了大批国外中小学生来到中国接受具备国际标准的基础教育，进而展现出我国基础教育

---

[1] 容中逵,刘要.民族化、本土化还是国际化、全球化——论当前我国基础教育课程改革的参照系问题[J].比较教育研究,2005(7):19-20.

在国际上的影响力不断扩大与提升。

当前我国内部的社会发展状况和外部政治经济文化发展的势态给我国基础教育国际化提出了更高的目标与要求,我们需要通过加强宣传、制定明确的战略和策略、成立专门的组织机构、提升国际化课程的数量和比重、推进形式和手段的多样化等手段以加大基础教育国际化的力度,从而更好地服务中国内外部的各项建设。

二、我国基础教育的国际化有利于国际化人才的培养

衡量一个国家教育国际化水平的重要指标之一是国际化人才的培养。随着我国综合国力的日益增强、教育开放的不断扩大,我们迫切需要培养出数量更多、质量更好的国际化人才以推动国家的更大发展。《国家中长期教育改革和发展规划纲要(2010—2020年)》清晰地界定了"什么是国际化人才",即"具有国际视野、通晓国际规则、能够参与国际事务和国际竞争"的人才为国际化人才。这一界定既是我国对国际化人才的理解,也是我国在教育方面的一项重要目标与任务。此外,此纲要还在"加强国际交流与合作""引进优质教育资源""提高交流与合作水平"的策略方面提出了明确的行动指南。但是,我国在国际化人才的培养进程中如何将这些举措或要求落到实处,仍是亟待我们探讨的问题。

总体上看,培养大批具有国际视野、通晓国际规则、能够参与国际事务和国际竞争的人才是一项系统、复杂与艰巨的工程,它既需要政府以及整个社会为这些国际化人才的培养创设出良好的政治、经济、文化和政策、制度等环境,又需要从基础教育到高等教育甚至是继续教育等构建出一个完整的教育体系作为强有力支撑和保障。就基础教育而言,其不仅要向学生传授科学知识,培养实践运用能力,促成学生养成端正的态度和正确的价值观,还要让学生继承和弘扬本国、本民族的优秀传统文化和民族精神,同时加强学生国际多元文化、国际视野、国际竞争意识的培养。可以说,我们只有深入推进基础教育国际化,才能为既能服务国家和人民又能参与国际竞争的各级各类专业性人才的培养奠定坚实基础。

当前中国的发展势态迫切需要更多既精通某一领域相关业务又熟悉世界其他国家和地区情况,熟练掌握与使用不同外语,具备跨文化沟通能力等的复合型应用人才。从基础教育层面看,其培养的中小学生一方面应初步了解其他国家或地区的历史文化和基本国情,既能用文化陶冶自己又能用文化增强彼此间的

理解与互补的多元文化素养,另一方面是既能够使用母语又能够运用外语进行跨语言交流的素养,此外就是具有求知欲、国际规则意识、批判性思维能力、多元文化理解力以及沟通与合作能力等的国际化基础素养。唯有如此,才能够为复合型应用人才的培养奠定必要基础。

三、我国基础教育的国际化如何与国际接轨

在"国际化"浪潮的推动下,我国基础教育国际化已经成为中小学树立学校品牌、提高学校声誉、扩大社会影响力的一块招牌。不可否认,建立国际学校,开展中外合作办学,参与国际教育评价项目,引进国外课程,开展对外的人员交流和活动等举措的确推动了我国基础教育的国际化进程。但是我国基础教育国际化如何与国际接轨的问题仍值得探讨。

首先是我国基础教育的国际化接国际的什么"轨"问题。我国的基础教育与国际水平仍存在较大差距,这是现实,不可忽视。什么是教育的国际水平?教育的国际水平不是指某一国家或某一国际组织的教育水平,而是指世界上先进及发达的教育水平。教育培养人才的能力表现是衡量教育是否先进、发达的终极性指标。我国加入WTO后让我们清楚地认识到了中国的基础教育发展现状与国际水平存在着很大的差距,这种差距突出表现在具有创新精神和实践能力的学生培养方面。所以,从根本上讲,我国基础教育的国际化要接上国际的"轨"就是接国际先进水平的教育在人才培养质量上的"轨",这个"轨"又以教育理念、教育体制、教育管理、教学和课程、教育技术、教育评价等多方面来支撑。其次是如何接这个"轨"的问题。从国家层面来讲,我国的基础教育要紧紧围绕人才培养这一核心任务,通过大力推进基础教育的改革与创新以此跟上世界先进水平。从理念上看,我国的基础教育要在继承和发扬优秀传统的基础上学习、借鉴、消化国际先进的教育思想和理念,实现这些思想和理念的本土化改造并使之枝繁叶茂结硕果。为此,我们要在全面贯彻党的教育方针基础上,不断扩大基础教育的对外开放,加强基础教育的办学体制、管理体制、人才培养体制以及现代学校制度等的改革创新,积极吸收或利用世界教育资源,全面推进素质教育。❶

为适应上述需求,我国积极地开展了有关工作,如制定基础教育国际化的相

---

❶ 张军凤,王银飞.关于基础教育国际化的几个问题[J].上海教育科研,2011(1):9-11.

关政策,以此为基础教育的国际化创造更有利的政策和制度环境;积极开展国际基础教育援助活动,以此缩小国家间、地区间的基础教育差异达成基础教育的协调发展;科学设置基础教育的国际课程,以此推动基础教育教学内容与国际的接轨进而强实国际化人才培养的基础性工程;开展基础教育的国际交流与合作,以此增强学校办学的多元化和多样性并力图跟上国际教育发展步伐等。通过这些尝试或努力,我国基础教育国际化在发展道路上一步步迈进。

第三节 我国基础教育国际化的历程、存在问题与展望

一、我国基础教育国际化的历程

改革开放40多年来,我国基础教育国际化极具时代特点,也取得了重大成就,当然也面临着一系列的挑战,需要我们有效地回应。

(一)有益尝试逐步扩大基础教育国际交流与合作

1993年2月的《中国教育改革和发展纲要》明确提出了要"进一步扩大教育对外开放,加强国际教育交流与合作,大胆吸收和借鉴世界各国发展和管理教育的成功经验",1995年的《中华人民共和国教育法》又强调"国家鼓励开展教育对外交流与合作"。为此,我国基础教育尝试了国际交流与合作,而尝试的最初表现是由一些归国留学生或者外籍华人创办国际合作学校。例如,1993年6月广州市成立华美英语实验学校,成为全国第一所由归国留学生创办的国际合作学校。1994年,中国教育部出台对外合作办学暂行规定,正式拉开中加学校的筹备工作。1997年3月,在中加两国政府的推动下,北京师范大学附属实验中学与加拿大纽宾士域省教育部和加拿大加皇国际投资集团经过反复协商、多方筹备,北京市中加学校正式宣告成立,成为中国政府批准的第一家中外合作办学学校。2001年,《国务院关于基础教育改革与发展的决定》继续将教育的"三个面向"作为21世纪我国基础教育改革与发展的指导思想,基础教育中外合作办学机构的数量逐日增多,有力地推动了我国基础教育的国际交流与合作。

我国基础教育在积极尝试中外合作办学的同时也在合理引进国外的教育资源,如学习借鉴国外先进的教育理念和教育制度,吸收境外教育资金和设备,引

进基础教育发达国家的教材和管理模式做参考等,不仅丰富了我国基础教育的环境,提升了学生的综合能力,也在一定程度上助推了我国基础教育国际化发展的广度与深度。

(二)系列举措推动基础教育国际化持续发展

2001年12月11日,中国正式成为WTO成员,中国经济与世界经济一体化趋势加强,对人才的规格要求也同时发生变化,中国的基础教育面临着新的机遇与挑战。首先,鉴于各类人才培养及其创新能力训练与开发的长期性,我们必须及早调整作为人才培养奠基工程的基础教育的培养目标,以此适应时代的发展要求,即注重学生创新意识、创新能力、终身学习能力的培养。其次,必须加快基础教育课程改革的步伐,以此与发达国家较完善的课程结构相适应,确保接轨国际发展需求。最后,必须革新基础教育的手段,以此实现教育资源的共享。基于这些需求,我国的基础教育加快了在人员、课程、办学机构等方面的跨境流动。而课程跨境流动是国际化的核心问题,但在课程跨境流动过程中,绝大多数课程还属于由国外向国内移植的状态。❶

中国加入WTO后,为适应教育国际化的需要,国务院陆续出台了文件,如《中华人民共和国中外合作办学条例》《中华人民共和国中外合作办学条例实施办法》《关于做好中外合作办学机构和项目复核工作的通知》《关于当前中外合作办学若干问题的意见》《关于进一步规范中外合作办学秩序的通知》等,完善了涉外办学的政策设计,有力强化了合作办学的规范管理,为提高基础教育合作办学的质量水平和可持续发展能力提供了政策保障。2010年的《国家中长期教育改革和发展规划纲要(2010—2020年)》明确提出要扩大教育开放,即通过加强国际交流与合作、引进优质教育资源、提高交流与合作水平等举措,培养出大批具有国际视野、通晓国际规则、能够参与国际事务和国际竞争的国际化人才,以此适应国家经济社会对外开放的要求。这表明基础教育的国际化是我国教育改革的重点之一。党的十七大报告指出"全球和区域合作方兴未艾,国与国相互依存日益紧密""要优先发展教育事业,建设人力资源强国",我们只有相互借鉴、不断扩大务实合作才能获得共赢。党的十八大召开后,随着国内国外教育因素的深刻变化,我国教育与国际的交流与合作进入转型升级、提质增效时期,教育对外

---

❶ 周满生.坚持改革开放推动基础教育的国际交流与合作[J].世界教育信息,2018(24):14-16,25.

开放在思想引领、顶层设计、人才培养、全球治理参与等方面的能力显著增强。2016年颁布的《关于做好新时期教育对外开放工作的若干意见》提出"坚持扩大开放,做强中国教育,推进人文交流,不断提升我国教育质量、国家软实力和国际影响力",进一步加大了教育国际化的步伐。党的十九大强调,教育更要"不忘本来、吸收外来、面向未来",才能为更好构筑中国精神、中国价值、中国力量而服务。

总体上看,这一时期在一系列的方针、政策、文件与措施的指引下,我国的基础教育国际化处于持续发展状态。

可以说,自改革开放以来,人们对基础教育国际化的认识逐步深入,对我国基础教育国际化的内涵、途径、方式等方面的认识逐步完善。同时,在党的方针政策指导下和一系列文件、法律条文以及实践的推动下,我国基础教育国际化的指导思想和法律依据更加明确,取得的成果也日益丰硕,且呈现鲜明的时代特点:①对基础教育国际化的认识更加全面、深刻并有明确的方向;②基础教育国际化的推动从以区为定位向以市为定位过渡,覆盖面在不断扩大;③基础教育从"引进来"逐渐发展为"走出去",如2013年中国人民大学在普林斯顿成立普林斯顿国际数理学校,而后在柬埔寨举办了"丝路学校"等。

二、我国基础教育国际化存在的问题

我国基础教育国际化是历史的必然,取得的成绩也是可喜的。例如,浙江宁波制定基础教育国际化战略,积极推动中小学的外交流与合作,搭建了与美国、英国、德国、韩国、新西兰等国多个综合性的交流平台,积极引进境外优质教育资源,基础教育国际化取得了重大进展。截至2016年,宁波中小学与境外学校结对达377对,200多名外籍教师在全市中小学任教,来自20多个国家的800多名国际学生在宁波市中小学就读或留学。❶ 成立于2004年的广州市南沙开发区英东中学2006年引进英国伦敦大学高中及预科课程,2010年成为"中美校联盟"成员单位,2012年停办高中而利用原高中资源引进广东优联教育集团共同举办英式和美式高中实验课程,向国际化大踏步迈进。❷ 可以说,这些学校在推进教

---

❶ 赵建华,陈国明.宁波基础教育国际化的现状及提升路径[J].宁波教育学院学报,2016,18(5):105-108.

❷ 胡国胜.广州市英东中学基础教育国际化实践与探索[J].课程教育研究,2017(15):27-29.

育国际化实践的做法还是比较成功的,但从全国范围来看,我国的基础教育国际化建设仍存在着某些不足。

(一)静态理解"教育国际化"

基础教育顺应全球政治、经济一体化发展和科学技术的快速发展走上国际化是一种必然。我国对基础教育国际化的理解,主要集中于教育理念的国际化、教育目标的国际化、教育内容的国际化和教育模式的国际化。从教育理念层面看,在需要用国际视野科学认识本国基础教育现状并通过学习、借鉴或应用国外优秀的教育理念以推动本国基础教育内涵式发展方面已经基本达成了共识。从教育目标层面看,我国的基础教育要为具有国际竞争力的高层次人才培养打好基础也毋庸置疑。从教育内容层面看,课程及内容设置的国际化是主要的手段。从教育模式层面看,国际化的形式体现为国际教育的对话与融合、交流与合作等。我国高等教育的国际化开展得如火如荼,其无论从理论研究还是实践探索方面都为基础教育国际化的开展提供了榜样示范。但是,我国的基础教育在国际化实践中仍存在从静态角度去理解"教育国际化"的问题,从某种程度上忽视了基础教育的动态发展过程,对教育对象的独特性、差异性关注不够,忽视了教育内容的丰富性和创新性,也忽视了教育环境的复杂性与可变性,因而导致了对基础国际化理解上的"牵强附会"和实践操作上的"生搬硬套"。例如,我国某些高中的国际部虽然引进了部分国外课程,但没有与我国高中的课程教学大纲与学情紧密结合,直接导致了学生在教学内容与方式上的"消化不良",进而降低了教育的国际化水平。

事实上,我国不同地区基础教育发展水平各不一样,即便是同一区域不同学校的办学水平也各不相同,我国的基础教育与国外的基础教育更是普遍存在着差异性。如果生搬硬套他国成功的做法、经验或模式,则会出现"水土不服"的现象。但是,实践中往往是某些学校在大致了解国外某些中小学成功做法、经验或模式后便参照模仿,名曰学习借鉴,实则无创新,无视本校的实际情况与特点生搬硬套,最终只会出现"昙花一现"的短暂效应,无法实现教育国际化的长足发展。因此,广东佛山市禅城区佛山外国语学校召开的广东教育国际化专业委员会第一届学术年会就明确指出,中国基础教育的国际化既不是全盘西化、生搬硬套外国的基础教育体系、模式与经验,也不是否定本土的基础教育成果、舍弃现有的办学基础另起炉灶,而是要依靠中国基础教育工作者的自身努力把国际上先进的基础教育理念、方法、经验和中国基础教育的成功经验、传统智慧有机融合起来,从本学校的实际出发,坚持吸收与改革并举,创新与发展并行,科学地发展中国的基础教育国际化。❶

由此可见,静态理解"教育国际化"和"生搬硬套"落实教育国际化必然会阻碍我国基础教育向国际化迈进的步伐。

(二)盲目借鉴国外教育经验

不可否认,我国基础教育要走向国际化,学习、借鉴国外成功的、先进的经验是一种有益的途径或手段。

例如,英国为了推进基础教育国际化,一是将国际和全球维度纳入中小学课程——英国教育和技能部颁布《开发学校课程中的全球维度:课程和标准指南》,2005年又对该文件予以修订,要求所有中小学将国际视野和国际维度融入课程科目和学校生活;苏格兰和威尔士为推进中小学的国际教育,21世纪初就颁布了《国际观点:教育年轻苏格兰人了解世界》和《可持续发展教育和全球公民》。二是拓展基础教育的国际交流渠道。如英国教育和技能部正式宣布成立全球教育网站"全球网关"(Global Gateway),力图在全球范围内与其他国家的中小学建立伙伴关系,进而确保基础教育的跨国流动与合作,为中小学生过上国际生活做好充分的准备。2013年英国国际发展教育部资助成立"全球伙伴学校"资助项目,为全球范围内建立的伙伴学校提供启动资金、各种补助金、开发国际性课程等。2014年,英国财政部和国际发展部开启"连接教室"项目(Connecting Classrooms Programme),将国际化的教育理念渗透于学校的日常教育教学与管理之中,让学生获得全球化的知识和不同文化之间的沟通技能。三是提高教师的国际素养。如中英签署《中英教育合作伙伴关系行动计划》,通过每年互派教师支持英语在中国中小学、中文在英国中小学的教授,有效促进了中英两国教育经验的互相交流和借鉴,也助力了年轻人国际化视野的培养和教师国际化素养的提高。中英签署《关于数学教师交流的谅解备忘录》,双方各有超过一百名教师参与了随后一年的互访活动,一些英国教师尝试采用中国的部分课堂教学模式(如让学生背诵"乘法口诀表")。四是大力推行国际教育援助。如英国国际发

---

❶ 罗峰.教育国际化的盛宴——广东教育学会教育国际化专业委员会2014学术年会召开[J].广东教育,2015(1):8-9.

展部(DFID)已经为非洲、亚洲、中东的 20 多个国家提供了援助,支援贫困发展中国家的基础教育建设。[1]

德国在基础教育国际化方面的经验也有参考价值。一方面是参与国际性的学生学业成就测评项目。如德国 2007 年参与每四年举行一次的基础教育阶段四年级和八年级学生的国际数学与科学教育测评项目(TIMSS);2015 年参与 PISA 的中小学达 253 所、学生 6504 名;2001 年、2006 年和 2011 年前后三次参加国际学生阅读能力进步研究项目(the Progress in International Reading Literacy Study,PIRLS 项目),成绩处于成绩最优秀的前三分之一行列;2014 年 11 月 20 日,德国共有 136 所中小学共 2225 名学生参与了国际计算机与信息素养研究项目(International Computer and Information Literacy Study,ICILS),成绩排名第 6 位。另一方面是积极开展对外学生交流项目。如德国 2014 年加入欧盟出台的第三期"伊拉斯谟计划",赴国外交流的德国中小学生达到 1.8 万人,加深了与欧盟成员国的基础教育交流;随着世界范围内的数字化、经济发展可持续等的影响,德国积极开展与美国、加拿大、巴西、墨西哥、中国、新加坡、南非、摩洛哥等国的基础教育交流与合作项目,扩大了世界交流网络。[2]

美国的基础教育国际化有其成功的做法。

一是引入国际文凭课程。如美国成立国际文凭组织(IBO),提供从小学到高中三个学段的课程,完成课程即可获得在全国范围内认可的文凭证书,其中国际文凭高中课程(IBD)致力于让学生拥有国际观念,真正具备终身学习能力,真正成长为合格的国际公民;该课程项目有效融合了各国教育的优质要素,不仅极大地推动了美国基础教育的国际化发展,还为各国基础教育的沟通发挥了桥梁作用。

二是推动双语学校的发展。如美国迈阿密州的库什曼学校公平地招收不同种族、宗教、肤色的幼儿园到八年级学生,开设有西班牙语、法语、中文的双语课,还与西班牙、中国的部分中小学达成了战略合作协议,对美国基础教育国际化发展起到了重要作用,也推动了国家间的基础教育交流与合作。

三是开展"国际教育周"活动、举办教育论坛。如美国从 2000 年起每年 11

---

[1] 张秋旭,杨明全.英国基础教育国际化初探:实践策略与启示[J].中国教师,2018(11):113-117.
[2] 刘佳,杨明全.德国基础教育国际化的实践策略探析[J].郑州师范教育,2019,8(5):42-47.

月的第三周开展涵盖义务教育等各个阶段的"国际教育周"活动,在向世界传播美国教育观念和价值观的同时也让美国的参与人员更深了解世界各国政治、文化、教育等以拥有国际视野;中美两国在中国青岛举办"推动融合·共谋发展"的基础教育国际化论坛,尔后博格思加州学校落户青岛,更大地促进了两国基础教育的交流与合作,助力了基础教育国际化的发展。❶

以上国家基础教育国际化的实践及其成功经验都值得我们学习,但也存在盲目借鉴国外经验片面追求快速发展的弊端,即花大量时间与精力探寻国外优秀教育经验但不考虑我国实际情况而立即在国内推广实行的现象,其后果是当把学习到的国外先进教育模式应用到学校实践时,因受政治、经济、文化等因素差异的影响,往往造成条件不足、"土壤"不适,从而导致"水土不服"。譬如,当前我国不少中小学在了解或学习国外开设信息化课程并取得成功经验的基础上,然后也开展以计算机教学的相关课程,但由于把信息化课程简单地理解为计算机技术课,且缺少相应的设施设备以及人员等的支撑,实践操作中多体现为文本教学,并非是真正意义上的信息化课程教学。❷ 从更早期的实践来看,中国在借鉴国外中小学体育方面也存在四次明显的"拿来主义"——20世纪初的中国正处于西方体育由于战争和殖民扩张被扭曲为政治工具的特殊时期,受日本军国主义思潮的影响,清政府为推行尚武教育,对日本中小学体育课程从课程目标、课程内容、教材教法、教师聘任、口令等囫囵吞枣地简单模仿和抄袭,成为中国近代体育课程发展最突出的"拿来主义";"五四运动后,受美国杜威的实用主义教育思想的影响,我国仿效美国所制定出的《新学制课程标准》虽然对中小学体育产生了巨大的积极作用,但单纯从学生的兴趣和爱好出发、降低教师的作用、"放羊式"教学等也是对美国体育教育采取"拿来主义"所带来的消极后果;中华人民共和国成立后,以凯洛夫为代表的苏联教学体育取代了美国杜威的实用主义教学体系,我国中小学体育掀起向苏联学习的热潮,在教学的理论方法和体系方面相对之前有了很大的进步,但过分强调"教师、课堂、教材"一成不变的"三中心"模式,教材内容偏多偏繁,部分难实施,教学重知识技术技能轻学生心理发展和社会能力培养等弊病也是忽视我国实际的"拿来主义"后果;20世纪80年代后,

---

❶ 张晓芹,杨明全. 美国基础教育国际化的进展与实践举措[J]. 福建教育,2019(10):36-38.
❷ Loveland T, Miyakawa H, Hirayama Y. International Collaboration in Secondary Level Education [J]. The Journal of Technology Studies,2004(3):10-19.

受知识经济和全球经济一体化的推动,我国中小学体育无论从理论还是在实践上短时间内大量从国外引介与移植,诸如快乐体育、终身体育、学习领域等有关中小学体育的新名词层出不穷,可以说也是一种盲目借鉴国外教育经验的重要体现。[1] 事实上,我们在仿日、学美、效苏等的行为中,有些阶段是部分移植的,有些阶段则几乎是全盘式仿效,而不从自身实际出发完全照搬照抄的危害是显而易见的。

所以,我国基础教育国际化不能简单地"移花接木""南橘北枳"或"任意嫁接",而应立足时代背景、历史使命、社会条件以及中国本土的基础教育实际、学生的自身需要等因素,因地制宜内化他国的成功经验,才能确保我国基础教育国际化的内涵式发展。

(三)国际合作流于形式

在基础教育国际化推进过程中,我国不少中小学存在盲目跟风现象,其行为实质上是形式化的"教育国际化"。

一方面表现为片面理解教育的国际交流。如有的学校将组织学生到国外开展夏令营、冬令营或者是到国外参观、访问等直接理解为国际交流。事实上,这些活动只是国际交流的表面化与形式化,严格意义上讲就是"海外旅游"。因为他们的行为结果更多体现为异国风光的欣赏,缺少对所走访的国外同级同类学校的深入了解和全面把握,在国家对中小学价值观的树立、地方的文化传统、学校的办学方向、与自己学校比较后所呈现的特色等方面的了解走马观花,所获得的信息十分肤浅,拥有的感受为异邦风光风情就是好,没有达成教育国际交流的真正目的。这一现象凸显了我国部分中小学在教育国际化实践道路上的形式化。

另一方面表现为国际办学的形式化。譬如,有的中小学以国外学校的分校自居,在没有全盘考虑我国基础教育办学宗旨、学校办学传统与基本任务的基础上就对本校学生实施国外学校的课程计划,其结果是扎根于党的教育方针政策的主要任务没完成好,学习、应用国外先进教育经验的事又没有做到位,给人"不伦不类"之感,这种形式化的国际办学理念浪费了有限的教育资源。有的学校采取与在国外的学校合作办学的形式开展国际办学,如在资金、设备、人员等方面

---

[1] 谭次平,马卫平.我国借鉴国外体育的思考[J].体育学刊,2009,16(12):53-57.

给予国外学校投资或援助,但缺乏对其利用率的充分考虑,也缺乏长远规划,加上有时受到自身条件的限制,使在国际办学过程中对国外学校的支持与帮助断断续续,未能实现国际办学的持续发展,最终也体现出国际办学的形式化。

此外,我国某些中小学在聘请外教方面存在形式主义。诚然,国内的中小学能聘请外籍教师是件好事,它可以提升学校国外语言的教学水平,可以扩大学校的知名度,也可以增加学校办学的社会影响力。同时,外籍教师在教学与生活中,能够分享他们的文化传统、教育理念、教学方式等,让我们的老师、学生全面地、系统地和深入地更多地了解他国的历史文化、风俗习惯、教育经验等,进而推动学校在教育国际化方面向更广阔的领域进军。从数量来看,近些年在国内从教的外籍教师人数持续上升,"以国际化程度较高的上海为例,近两年来聘请的外国专家、外籍教师达到数千人,超过前五年总和的二倍"[1]。值得注意的是,我国中小学聘请的外教理应是受过师范教育专门培养的人员,应该具有高超的教育专业知识、精湛的教育教学技能和在教育领域有突出贡献的人员,而非会讲外语、未从事过教育工作等的普通人员。但是,事实上国内部分中小学在聘请外籍教师过程就缺少综合性考察,有的甚至是直接把来中国旅游的、工作的或者是本国难以生存发展的普通人员聘为外籍教师,还美其名曰走上了教育国际化道路,实则是教育国际化上的"滥竽充数"或形式主义。

(四)资源整合力度欠佳

我国基础教育国际化的持续推进需要整合多方资源,即通过共享与协同工作机制将零散的多方资源组合在一起,最终形成有价值、有效率的整体以更好地服务于我国基础教育国际化的健康发展。

从理论上讲,一是要优化内部资源配置。我国的内部资源主要包括教育资源、文化资源、人才资源等。经过长时间艰苦卓绝的奋斗,我国积累了丰富的内部资源。然而,这些资源并非处于有机整合状态,而是分散在各个部门、各个地方或者各个系统中,其对基础教育的功能与作用尚未充分发挥出来。如人才资源,因受人事管理制度、户籍管理制度以及人才流动机制等的制约,就未能得以优化配置,有些地方甚至还盛行人才保护主义,各种人才自由流动障碍阻挡了人才资源的合理配置,进而基础教育人才资源均衡提升未能如愿。因此,整合国内

---

[1] 陈如平,苏红.论我国基础教育的国际化[J].当代教育科学,2010(14):3-7.

的教育资源、文化资源、人才资源等内部资源有助于基础教育国际化的健康发展。

二是要转化社会资源。中国是一个拥有14亿多人口的大国,社会人力资源极其丰富,人脉资源也十分广博。但是在基础教育国际化的推进中,我们对如何发挥这些社会人力资源和人脉资源的价值的研究并不到位,很大程度上是探讨如何从政府层面获得配置,诸如争取社区、社会机构、民间团体等领域的人力资源和人脉资源的研究相对滞后,进而造成了社会资源有效融入基础教育国际化的力量较为薄弱。为此,科学转化社会资源有利于基础教育国际化强大人才保证和智力支持的提供。

三是要挖掘境外资源。国际上不同国家或地区间存在着复杂的国情和多样化的文明与文化,它们各有其优势与特色,也有着可融性和互补性,是推进基础教育国际化的重要影响因素。中国长期以来虽然与国外诸多国家或地区有基础教育项目的交流与合作、教师的互派和学生的互流、教育理念的碰撞与交融等,国外的成功经验或做法也对中国基础教育国际化的发展起到重大的推动作用,但总体上我国对境外的资源的挖掘广度与深度仍不够。所以,为有效推动我国基础教育的国际化,我们有必要进一步挖掘境外资源以增强基础教育国际化的元素和动力。

四是要开发新兴资源。虽然我国的社会资源、教育资源、人才资源等比较丰富,但随着时代的推进,要实现基础教育国际化的长足发展,现有的各种资源毕竟仍有限。我国唯有破除俗成思维定式,大胆改革开放,创新行动模式,紧抓关键部位和要害问题,充分发挥主观能动性独辟蹊径地开发新兴资源,才能为基础教育国际化的内涵式发展提供取之不尽、用之不竭的力量源泉。

从实践上看,我国有不少中小学在推进教育国际化中存在资源分散单一、缺乏整体性和系统性的弊端。譬如,教育国际化单纯依靠行政权力自上而下强制推动,对教师、学生、家长以及社区、社会机构、民间团体等的力量未能有机整合,有时也缺乏教育行政管理部门和监管职能部门的组织与指导。又如有些学校只注重与美国、英国、日本等发达国家开展基础教育交流与合作,对某些发展中国家或贫困国家在基础教育的援助方面多而利用其基础教育资源少,进而体现出对发展中国家或贫困国家基础教育资源的挖掘与利用不足。再如有些中小学在教育国际化的推进中仍抱有"等、靠、要"的思想,创新意识滞后,行动上不积极,没有开发新兴资源的主观能动性和创新路径,因而在很大程度上制约了本校的教育国际化水平。诸如此类的表现凸显了我国基础教育国际化在资源整合实践方面的滞后性,也成为我国基础教育国际化健康发展的制约因素。为此,只有加大资源的整合力度,方可助力我国基础教育国际化的有效开展。

基于上述对我国基础教育国际化理论和实践探索的梳理,不难看出仍存在六大误解:

一是基础教育国际化就是中小学学生到国外求学和外国中小学学生来华学习。这是一种非常普遍性的误解。就中小学而言,一个国家或地区中小学学生在国外求学的人数只是反映该国基础教育国际化程度的一个方面,最为关键的是这些在国外求学的中小学学生为本国的基础教育在国际交流与合作方面带来了哪些有利影响。例如,到国外求学的中国中小学学生是否能够通过在国外的学习发现国内教学方法的不足并在其改善方面做出自身应有之贡献;他们能否通过在国外的课程学习中真正了解这个国家或地区的发展历史、民族文化和社会生活等,并带动国内的同龄人加深对该国历史文化和社会现实的理解;他们能否在保持社会主义核心价值观的基础上很好地融入当地的社会生活,并做社会主义核心价值观的介绍者、颂扬者和该国优秀文化或优秀价值观的传递者等。

二是基础教育国际化就是引进国外课程。这也是一种比较普遍性的误解。事实上,引进国外科学、先进的基础教育课程是我国基础教育国际化的重要内容,但要推进我国基础教育的国际化仅靠引进国外的一些课程是远远不够的。因为,任何一种课程体系都是在一定的历史发展时期、特定的环境下产生的,它基本适合于这一时期这一国家或地区特定的学生群体,对于其他国家或地区的学生那就比较难说了。此外,不同国家或地区的课程体系在生源基础、教学方式方法、评价要求等多方面各不相同,如果不全面考虑我国中小学的教学目标、自身的教学条件与能力、学生未来的长足发展等因素,其教育国际化的愿望必然是失败的。如这些年来我国部分地区或城市办的高中国际班所导致的一些失败案例不能不引起我们的反思或警惕。遗憾的是,我国部分中小学仍有前仆后继之势。可以说,中国的基础教育要跟上国际化的步伐,只有在国际化视野的引领下基于自身实际,将国外的课程取其精华、去其糟粕地消化性吸收融入本土课程并彰显特色与生命力,才能践行出切合于我国基础教育国际化道路。

三是中外中小学合作办学才能有效实现基础教育的国际化。这种看法不妥当。中外中小学合作办学是基础教育国际化的一种重要形式,但并非主要或唯一形式。中外中小学合作办学,就中国而言可以引进国外先进的教学理念、借鉴国外优秀的教材、聘请国外优质的教师等,其优势在于我国的中小学学生可以不出国门就能相对体验或享受到国外基础教育的样态,同时也可给同级的其他学校带来示范作用。但是,中外合作办学对办学的地方政府支持、成本的来源、教师的素质结构、家长的初衷等都有较高要求,如果上述因素达不到基本的条件,中外合作办学就会存在很大的风险,很难给办学带来红利。事实上,我国基础教育国际化是一个广阔的舞台,他国先进教学模式方法手段的效仿等只是我国基础教育国际化的必要而充分条件或举措。

四是外教为基础教育国际化的关键推手。这是一种失之偏颇的认识。诚然,外教在秉持国外教育理念、熟悉国外课程体系、操练国外教学方式方法等方面具有无可比拟的优势,他们在中国基础教育阶段的学校担任教师可以发挥出特有的价值,能给我国基础教育的国际化带来重要价值。但是,我国基础教育国际化不是全盘引进国外课程,而是将引进的国外课程与我国的国情、地方的实际情况相融合,形成具有本土特色的国际课程,这样才能符合中小学学生发展的实际并充分这些课程在学生国际化素养的培养中的应有功能。事实上,中国的一些优秀教师经过培训之后,加之他们更加了解自己的学生,因而在实践中他们对国外课程的教学效果不低于外教,而且往往优于外教。

五是利用基础教育国际化打造学校品牌。这种误解并不凸显,但其危害性不可小觑。出于功利的目的,有些人认为我国基础教育阶段部分学校进行国际化办学,就是想在国际中获得多多益善的认证,在地方、地区甚至全国树立出品牌,这样会得到政府和社会更多的支持,在招生宣传中也会更有优势。但是,如果办学者一旦将获得认证、打造学校品牌作为学校国际化的功利目的,就容易导致学校会盲目地迎合国际机构的衡量标准而忽视学校和学生的长足发展问题。近年来,一些国内的中介机构为了经济利益,给高中设立了内涵不清、标准偏颇的所谓世界名校联盟认证,部分高中也尝试穿上了"皇帝的新装",其效果最终不伦不类。

六是践行国外教学模式会导致学生学习成绩下降。这种误解源于人们对我国传统应试教育认知的惯性。长期以来,中国的教育模式是被动的灌输模式,对学生的学习评价基本是以知识记忆的考试分数来衡量学生的优劣,而不是以学生在问题解决中的实践动手能力的评价。以能力为本位的素质教育的实施、新课标建设的深入推进虽然促使我国教学与学习评价方式有了较大的变革,但仍没有走出应试教育的"怪圈"。对当今的中国中小学生来说,根深蒂固的应试教育与先进的国外教育模式的考查侧重点有很大的区别——前者考查应试能力,后者则考查学习能力和问题解决能力,这必然指引着当今中国中小学生两种截然不同的发展结果。从最近几年的实践来看,我国开展教育国际化的中小学所涌现出的高分学生已经表现出了突出的解决问题能力和研究能力,而非走教育国际化道路且以高压为管理模式的"名校"在这方面则表现出明显的颓势。❶ 换言之,我国基础教育国际化不会导致学生学习能力、动手能力、研究能力的下降。

澄清了以上几个误解,如何推进我国的基础教育国际化就相对清晰了。简单地说,中国的基础教育国际化要在本土教育的基础上实现与国外先进、科学的教育理念和教育方式的对接。将国际上现有的优质的教学理念、教学资源、教学模式、学习资源、管理模式和先进的多媒体数字化硬软件设备引入中国,在国情、区情、地方情的基础上加消化吸收,让学生在对问题的研究实践和生动有趣的感官经历中养成多种素质和综合能力,成为多元智能均衡发展、熟知多国历史文化、拥有国际视野、能满足时代发展需求并充盈着中国情怀的国际化人才。

三、我国基础教育国际化的展望

我国在推进基础教育国际化的进程中,我们可以对已经取得的成绩感到自豪,但更应该看到基础教育国际化发展中存在的不足。归纳起来讲,就是绝大多数基础教育阶段的中小学校教育国际化意识不强,学校的教育国际化师资力量薄弱,不同的文化冲突抑制着教育国际化的有效开展,教育国际化的支撑制度或机制不健全等,从而在一定程度上制约了我国基础教育国际化提质增效的内涵发展。为此,一是我国各中小学要树立基础教育国际化的先进理念意识,将具有国际意识、视野、素养及交往协作能力的国际通用型人才培养作为长远目标并不断完善人才培养工作。

二是各中小学要寻找新的发展点以拓宽基础教育国际化发展新空间,为中小学学生提供更多的国际化发展机会或途径;三是要增强各中小学的基础教育

---

❶ 左罡.基础教育国际化进程中存在的误解、问题与解决方案[J].世界教育信息,2014(9):58-60.

国际化师资力量,以此加快学校在教育国际化方向的步伐;四是要注重国际化办学高质量与高水平学校的典型示范和辐射作用,以此为本区域基础教育国际化的整体发展提供有效的实践经验,进而提高本区域甚至全国基础教育国际化的整体水平和成效;五是加强理解与互动并推进深层次的融合,促进各中小学教育国际化的提质增效。❶ 具体来说,我国基础教育国际化需要加强理论的研究与实践的摸索。

(一)完善基础教育国际化的理论研究

完善基础教育国际化的理论研究,一是要加强对我国基础教育国际化理解的研究。我国基础教育的国际化不是一切都要向国外学习,而是在立足本土基础上的放眼世界。只有放眼世界,我们才知道国际发展需要培养具有什么素养的人只有立足本土,我们才可以培养出国际发展需要的国际化人才。学习他国有利于开阔我们在人才培养方面的视野,立足本土的、本民族的实际更有利于我们如何高效地开发、利用或配置资源以便将有限的教育资源用到刀刃上。有学者指出:"教育国际化只是培养具有国际视野和国际竞争能力的本国公民,仍以本国的国家利益和文化传统为基准,因而,教育国际化本身便蕴含了民族主义悖论。"❷笔者并不完全赞同这一观点。因为既要放眼世界向他国学习又要立足本国、本民族的文化传统和国家利益,只是教育国际化方式或路径方面的要求,而教育国际化的目的,不仅体现在要培养出具有国际视野和国际竞争力的本国公民,同时也要服务他国以培养出具有国际视野和国际竞争力的国际公民,即不仅有助于本国国际性人才的培养,也要有助于服务他国培养国际化人才。所以,我国的基础教育国际化始终要明确这一点。在基础教育国际化推进过程中,我们还需要用发展的眼光对待我国的基础教育国际化问题。我国的发展已经进入新时代,随着时代和社会的发展需求,我国基础教育的国际化不能局限于教育国际化兴起初期师生互访、参观考察等简单形式,而应从广泛的、动态的视角去整合、转化、挖掘和开发有利于基础教育国际化的国际国内资源,加强与其他国家、其他地区、其他民族的基础教育国际交流与合作的广度与深度,这样才能满足我国

---

❶ 陈博.多元、冲突、融合:基础教育国际化发展过程中的挑战与对策——以无锡市基础教育国际化发展为例[J].酒泉教育,2016(1):105-108.
❷ 郑富兴.比较教育研究的民族主义悖论刍议[J].比较教育研究,1999(6):8-12.

基础教育国际化的发展要求。

二是要加强我国基础教育人才培养目标方面设定的研究。培养具有国际视野、国际交往能力、国际竞争能力的人才是教育国际化的共同诉求，但是在满足这一总体要求的基础上，基于教育国际化所培养的人才还应彰显本国、本民族的精髓与特色，这样才能突出人才在历史发展贡献中的百花齐放。就中国而言，勤劳、质朴、和善、友好、无私、乐于奉献等是中华民族的优秀传统和特色品质，因此在教育国际化的推进过程中，我们需要将这些优秀的传统和品质有机融入人才培养的目标中，以此彰显教育国际化的中国特色。所以，我国基础教育的国际化在人才培养的立场上，首先应着眼于弘扬中华民族的优秀传统文化，然后才是吸收国际上的先进文化，为培养出既具有中华民族根基与特质又具备国际视野的人才打下基础。在人才培养的规范上，为培养出既具有民族精神、社会主义核心价值观、处理本民族日常生活事务能力与技巧又能够适应国际沟通、国际竞争的人才做好准备。在人才培养的模式上，应该把"综合＋特长"立于首位要求，构建出多领域、多内容、多途径的培养模式，为具有中国精神、国际性眼界、国际化服务能力的人才培养造势。我们培养出国际化人才不只是为了我国在政治、经济、文化、教育等领域赢得良性发展的空间和环境，而是在我国各行各业得到高效发展的同时也能促进其他国家、其他地区、其他民族或种族甚至是整个世界在政治、经济、文化、教育、国际关系、民族利益等方面的互利共赢。基于这一长远目标，我国基础教育的人才培养目标的设定需要放到世界教育体系中进行考察与研究。

三是要加强我国基础教育国际化如何本土化的研究。我国基础教育国际化的本土化是指我国的基础教育在国际化过程中既要学习、借鉴或应用国外先进的实践经验，但更应基于我国各地区、各学校的实际情况，通过国外先进实践经验与学校的真实情境的有机融合，在实现学校教育国际化的进程中突出民族化、地方化和学校化，而不是全盘地照搬照抄。不可否认，世界上任何一种教育理论都是在特有情境中对教育实践的理论诠释，有其特定的产生背景、运用原则和价值指向。基础教育国际化亦如此，它也是在一定特殊情境中产生和发展的，其所倡导的理念、制度、运行方式等只在特定的情境中才能产生应有价值。因此，我国基础教育的国际化既不是用世界上先进的教育理念、教育模式和教育经验全盘取代我国基础教育现有的教育理念、教育模式和教育经验，也不是将我国基础教育现有的教育理念、教育制度、思维方式、价值取向等强加到他国的基础教育身上,而是基于多种教育理念、思维方式、价值取向、教育经验等的交流、碰撞和融合,在适于本地区、本地方特别是本学校的情境中生根发芽、开花结果。正如一学者所言,我们对教育国际化这一事物的理解必须紧密结合中国特定的文化传统和教育实际并在一定程度上赋予它中国特色,在借鉴和应用发达国家先进经验之前必须立足于中国的具体国情和实际需要,这样才能避免盲目照搬照抄,也才能避免花费大量人力、物力和财力等诸多资源后却收效甚微的窘境。❶ 所以,我们在推进基础教育国际化的进程中,必须坚持本土实践性原则,努力探索出国际先进经验与学校真实教育情境的交融点,不搞拿来主义,也不推行霸道行为。也就是说,我国要强化基础教育国际化,可以了解、学习、借鉴和运用国际上先进的理念、模式和经验等,但必须首先研究这些理念、模式和经验等在本校是否适用,学校的条件是否能够支撑这些理念、模式和经验的推广,又是否能够实现本校人才培养的现有以及长远目标。

  四是要加强我国基础教育课程和教学国际化路径的研究。课程和教学是基础教育阶段学校教育的核心,也是学校教育能否走向国际化的关键部分。从功能上讲,课程是支撑学校人才培养目标的平台,教学是支撑课程完成学校人才培养任务的手段或途径。换句话说,一个学校的课程设置情况和教学实践情况能够反映或体现出"教什么、怎么教"和"学什么、如何学"的状况。基于此,在推进我国基础教育国际化的进程中,中小学校必须加强安排什么样的课程内容和采取什么样的教学方式等的研究。我国基础教育要实现国际化,学校的课程内容和教学方式都要走上国际化。但是,其关键点仍在于课程与教学如何实现国际化。无论从理论上讲还是从实践上看,我国基础教育国际化在课程国际化方面不是将国际上优质的课程内容取代学校现有的课程内容,也不是将我国基础教育中有成效的课程内容强塞入其他国家、地区、民族或种族中小学的课程体系,而是寻找到国际上优质课程与我国优质课程的联结点,在此基础上实现国际优质课程与本校优质课程的有机融合。我们可以适当增加国际化课程在本校课程体系中的比重,但必须充分发挥这些国际化课程在人才培养方面的价值而不是流于形式,实现教学的国际化同理。我们可以了解、学习国际上先进的教学理

---

  ❶ 吴定初.关于中国基础教育国际化与民族化的思考[J].教育评论,2003(1):8.

念、教学方式和学习方式,但是否要将这些教学理念、教学方式和学习方式运用到本校的教学实践中必须进行全面的研究,看看本校是否非用不可、能否推行、有无负面影响等。在推动我国基础教育"走出去"时也应事先充分考虑,避免"水土不服"的不利局面。随着世界教育发展要求日益提升,要实现我国基础教育国际化的长足发展,加强课程和教学国际化的研究凸显迫切。

五是要加强我国基础教育国际化机制体制的研究。完善的管理体制机制是基础教育国际化的重要保障。从层次上讲,国家级政府或教育行政管理部门要全局统筹全国基础教育的国际化,通过制定基础教育国际化的相关政策和发展规划引导全国范围内基础教育国际化有计划、有步骤、协调性地推进。地方政府或教育行政管理部门要在国家对基础教育国际化方针政策的统筹下结合地方实际因地制宜出台相关指导方案,保证该区域基础教育国际化的便利与畅通。各中小学校则应在国家方针政策、地方性指导意见的基础上挖掘自身优势与特色,并将这些优势与特色宣传出去,同时结合自身条件将国外先进的东西"引进来",构建起"引进来"和"走出去"的良好机制,以此提升教育国际化的水平和质量。时代呼唤着我国的基础教育能与其他国家、地区、民族或种族的基础教育互通有无,在实现基础教育双边或多边的交流与合作的基础上达成互利共赢,以更好地服务国内国外的各项建设,加强我国基础教育国际化机制体制的研究是不可或缺的重要环节。

(二)深化基础教育国际化的实然路径

1. 坚守本国传统文化和教育特色的基础上"引进来"与"走出去"

我国扩大基础教育国际化以更好地服务国内国外的各项建设,基础教育就必须完成自身的重大任务:培养出具有与其他国家、地区、民族或种族的文化融合能力、思维能力、语言沟通能力、情感表达能力和人际交往能力等基本素养的中小学学生。而我国基础教育要完成这一重大任务,又必须"引进来"和"走出去"两条腿走路,既通过国际化的交流与合作引入异国文化以此让我国中小学学生学习并达成对异国、异域、异族文化的了解和认识,同时又借助国际化的交流与合作把我国优秀传统文化传播出去,让其他国家、地区、民族或种族中小学学生了解和认识,力图在"走出去"和"引进来"的国际化交流与合作过程中让中小学学生相互了解对方的文化差异,进而在降低文化冲突、相互尊重的基础上形成应有的国际素养。

需要明确的是，我国基础教育在国际化进程中无论是走"引进来"的道路还是走"走出去"的道路或者是"引进来"与"走出去"并举，都必须坚守自身的优秀传统不丢失，以自身的优秀传统文化为根，以他国、他区、他族的优秀传统文化为辅。如果弃根求辅，就会失去国家情怀和民族自信心，没有了精神命脉。我们十分清楚，中国历史上下五千年，已经积累了博大精深的中华文化，其深邃的哲学思想、质朴的道德操守、良好的行为规范和高雅的审美情趣等特质让每一位中国人都无比自豪。而每一位中国人无论身在何处、从事什么工作，都应该坚守并体现这些中华优秀传统文化特质。随着时代发展的不断推进和基础教育国际化的扩大与深入，每一位中小学学生都应该有热爱中华传统文化、保护中华传统文化、传播中华传统文化的职责与义务。

因此，在推进我国基础教育国际化以更好地服务时代和社会发展的进程中，我们要学会在坚守本国传统文化和教育特色的前提下做到国际基础教育优秀元素和中国基础教育特色元素的有机结合。例如，国际基础教育重视学生的个性化成长、强调满足不同禀赋学生的需求是值得我们学习的。中国基础教育注重学生的全面发展，强调"千学万学学做真人"，也值得其他国家、地区、民族或种族的借鉴。若能在坚守自身优势与特色的基础上实现双方优点的有机交融，更能提升具有国际素养的中小学学生培养质量，也能更好地助力国内外的各项建设。

2. 积极发挥公办教育机构对基础教育国际化的引领作用

尽可能多地培养出具备国际理解能力、国际沟通能力、国际交往能力和国际竞争能力等国际素养的中小学学生是教育国际化背景下基础教育长足发展的一个基本目标。实践证明，积极发挥公办教育机构在基础教育国际化方面的引领作用，能够助力我国基础教育在世界教育国际化背景下实现国际化这一基本目标。例如，北京市海淀区成立基础教育国际化改革实验区，55所学校先后开展跨文化的国际课程建设和国际理解教育，这些学校的教育国际化发展成效显著；由广东省深圳市政府出资建设的完全公办学校福永中学通过聘请10多位外籍教师、开发以英式橄榄球为主的国际教育课程等途径增加了学生对英国文化的理解和认同；北京35中力争用5~10年的时间开发出有中美基础教育比较的国际课程，以期让孩子在不出国的情况下也能享受到如同国外的优质教育；由哈尔滨三中、北京35中、锡山高中、西安高新一中、兰州中学、兰州一中、海南中学组成的公办学校国际部联盟的基础教育国际化实践已经赢得较好的办学声誉，发挥了榜样示范作用。为有效推动国内外的各项建设,我们更应该扩大视野、拓展渠道、创新路径提升公办教育机构的基础教育国际化引领水平,并以此带动国内广大中小学校的教育国际化发展速度与质量。

3. 以课程建设为核心突破基础教育国际化瓶颈

推进我国基础教育国际化,国际化课程建设是关键也是桥梁。加强国际化课程建设可以学习和借鉴国外成功的课程改革经验,但仍要立足于本土,即在坚守本土的基础上将国外成功的课程经验进行有效融合以推动自身课程走上国际化。例如,四川成都七中本着"国际教育本土化、本土教育国际化"的原则开展"高中融合式国际课程实验",以学科间的融合、学科内的融合、综合实践课程与学科的融合、德育体系的融合为主要内容的国际化课程研发已经取得良好成效;北京大学附中附设的道尔顿学校开设双语通识教育课程、融合中国教育优势与西方实验教学的教学与科学课程等,鼓励学生参与批判性思维讨论,引导学生积极参与实践学习与社会服务,成效也比较显著。

值得注意的是,在国际化课程建设中,我们还要做到:一是要突出学科前沿知识和新兴学科领域知识,同时规避形式主义,注重内涵建设,并彰显课程的现代性和探究性。如国际化课程中的IB课程是一门融合了东西方教育理念、教育资源并注重多学科交叉和多元文化融通的国际化课程,利于学生在知识、技能、态度和行为等方面的全方位学习;在美国十分受欢迎的STREAM课程对培养学生具有科学、技术、阅读、工程、数学、艺术等综合素养比较有益。

二是要杜绝国外优质课程引进的照搬照抄现象,根据学校自身情况适度整合、消化吸收,确保课程建设以本土化为主,国外优秀课程只是对学校自身课程存在缺陷的弥补。

三是要处理好国内统编课程与引进课程的关系,如国家规定的政治、历史、语文等人文学科课程绝不可丢,在此基础上可适度引进一些有利于国际素养培育的课程,如中国第一所独立设置中美合作办学的上海市七宝德怀特高中的课程由中美合作双方根据培养目标、学生发展需求共同设置,既保留了中国核心课程的语文、政治、历史、地理及其教学模式,又开发了部分中西融合的国际化课程,从而为国际化创新型人才的培养奠定了基础。

4. 塑造或提升中小学教师的国际化教育素养

要推动我国基础教育国际化的长足发展,教师是关键,即需要以优质的师资队伍做保障。我国基础教育国际化的基本目标是培养出具有国际素养的中小学学生,为专业化、高素质、国际性的复合型的应用人才的培养打好基础,这必然要求从事基础教育的教师首先具有国际化意识、国际化视野和国际化素养,如跨文化教育能力、跨文化学术交流与合作能力等。而如何塑造或提升中小学教师的国际化教育素养,则需要在实践中不断摸索、总结与反思。其中,这一点很有必要:即建立一套系统的培养教授国际课程教师的方案。例如,中外合作制学校北京王府学校设定了初期要达到的"40-40-20"教师结构目标,即外籍教师为40%,海归教师为40%,能进行双语教学的本土教师为20%。同时,在教师素质方面也提出了要求:即教师要了解东西方文化,能够将中华传统人文情怀的教育融合国际化的教育理念,在确保中华优秀传统文化得以传承的基础上增强学生对其他国家、地区、民族或种族优秀传统文化方面的了解与认识;此外,学校每年输送大量教师到英语国家进行培训。这些举措有力地提升了北京王府学校教师的国际化教育素养。❶

5.利用"互联网+"平台拓展基础教育对外流与合作的路径

信息化及人工智能时代的到来极大地丰富了教育的通道,运用好网络媒体、人工智能等能够促进教学方式、教学手段、教学内容、课程、教师培训、教育管理更便利地实现基础教育国际化。中国通过"互联网+"战略的实施,已经建立了诸多教师学习共同体,在人才培养的本土化与国际化方面实现了有效对接。例如,北京王府学校坚持"走出去,补进来"的原则,于2012年9月开始打造卫星远程教育系统,力图通过这一系统加强与国外更多著名高校、中学的联系,同时通过该系统辐射全国各地同步授课,以此让更多的中小学学生接收到优质的国际教育。北京王府学校还启动了移动教学项目,同时建设两间基于苹果系统的专业教室,并采购专用无线 Wi-Fi 系统和专用软件打造 50 间教室的移动教学使用环境,当年9月学校就全面实现了移动教学。又如上海市晋元国际高中与印度泰戈尔国际学校合作,通过网络课程进行合作(如中方开设的课程有太极拳、中国书法、木兰扇等,印方学校主要开设瑜伽课等),进而助推了其基础教育国际化的进一步发展。❷ 既然"互联网+"平台能彰显如此魅力,我们理应积极利用其

---

❶ 周满生.对基础教育国际化的理性思考和路径探讨[J].中小学管理,2017(5):5-8.
❷ 周满生.基础教育国际化:五个关键环节不可少![JL/OL].搜狐网,2018-11-11.

优势拓展基础教育对外交流与合作的路径,提升我国基础教育国际化的内容和水平,为国内外的各项建设提供更好的服务。

总之,时代与社会的发展要求我国基础教育必须要国际化,且有光明的前景,但道路仍为曲折,可谓任重而道远。我们坚信,只要把握时机,拓展路径,齐心协力,我国的基础教育国际化定能迎来灿烂的明天!

最后还有一点不能忽视,那就是要确保我国基础教育国际化的长足推进,构建基础教育共同体是必由之路。

第四节 建设好教育国际化背景下基础教育共同体的迫切性

基础教育共同体并不是当前才出现的,在之前就有。认识教育国际化背景下基础教育共同体建设的迫切性,主要是基于基础教育在当今与未来国内外各项建设推进中的功能性以及重要性,同时是基础教育自然肩负历史重任与有效完成时代使命的需要。

一、基础教育均衡发展的迫切需要

教育是社会发展的基石,是影响社会变革、促进社会进步的重要力量和支撑。中国的经济建设取得前所未有的进展和社会呈现出如此巨大的发展变化,归根结底在于教育为社会各行各业培养出了数量充足、专业合格的科技人员和劳动者,以及这些科技人员和劳动者的无私奉献和艰辛的付出。

基础教育在整个国民教育体系中处于奠基性的地位,是整个教育事业取得健康持续发展的保障,也是推动社会进步不可或缺的条件。而基础教育的均衡发展既是教育,特别是义务教育的本质要求,也是社会发展的必然要求,还是基础教育国际化的迫切需要。基础教育的均衡发展包括:区域之间的均衡发展,即城乡之间、乡(镇)域之间、县(区)域之间、市(州)域之间、省域之间甚至是国家、地区、民族或种族之间基础教育的均衡发展;区域内部不同层级的学校之间的均衡发展;不同群体之间的均衡发展,如优势群体与弱势群体之间的均衡发展。无论是哪一层面的基础教育均衡发展,对提升基础教育质量、促进社会公平和谐、完成教育的时代使命都具有重要意义。

基础教育非均衡发展的表现,在时间上体现为学生接受教育的起点、过程和结果的不平等,在空间上体现为不同省区、市区、县区、城乡之间获得的教育资源存在较大差异,也体现为同一区域内基础教育阶段不同层级的学校获得教育资源的差异性。造成基础教育不均衡发展的原因,一方面是教育资源供给的短缺和教育资源配置的失衡。如从教育资源供给上看,虽然我国的经济取得了飞速发展,物质在不断丰富,财力水平也在不断提高,但中国毕竟是一个人口大国,基础教育又占据不小比重,其健康发展需要庞大的教育供给,而我国教育资源供给的总量至今仍存在短缺性。在这种矛盾下,当前基础教育阶段的教育资源供给仍显不足或短缺。如在教育资源配置问题方面,我国长期以来的基础教育资源配置就存在重点学校与薄弱学校、城市与农村、发达地区与欠发达地区等之间的不平等或不均衡之弊病,即发达地区的基础教育资源配置相对丰富到位而欠发达地区的基础教育资源配置比较欠缺或不到位,城市基础教育资源的配置全面而农村基础教育资源的配置相对单一;重点学校获得的教育资源多而薄弱学校获得的教育资源少等。在国家基础教育均衡发展的验收中,虽然不少地区加大了教育资源的配置力度,薄弱学校也获得了较大的改善,但与重点学校相比,仍存在较大差距,甚至在某些地方这种差距不是缩小了反而是加大了,不均衡现象进而更升级了。

另一方面,不同家庭、学校、社区、政府及其相关部门对基础教育的认识与付出也造成了基础教育的不均衡发展。譬如,学生家长对基础教育认识的不到位一定程度上会降低了他们在家校共育方面的积极性与参与度,学校对基础教育认识的滞后导致了办学理念的陈旧,社区对基础教育认识的不足会弱化校园周边环境的治理,政府及其有关对基础教育认识的偏差会影响他们对基础教育的关注度与投入力度等。家庭、学校、社区、政府及其相关部门对基础教育的这些懈怠行为表现直接或间接地制约着基础教育的均衡发展,当前我国各项事业的发展需要基础教育的大力贡献,而基础教育的非均衡发展显然无法实现其应有的作用。

可以说,教育国际化背景下基础教育共同体建设在基础教育均衡发展方面的价值和意义,一方面是推动区域优质教育资源的共享共建。教育国际化背景下的基础教育共同体是由多个具有共同目标或追求的教育主体而自发建立起来的,这个共同体通过开展资源共享、实践探索、经验交流等方面的一系列活动实现共同目标的同时能促进自身的发展。因而它可以架起城乡中小学及其教师、学生之间的沟通桥梁,促进城市优质教育资源向乡村薄弱学校及教学点帮扶,同时城市或城乡中小学也能从乡村薄弱学校和教学点获得他们没有的教育信息或教育资源,这样不仅有助于实现教育资源的共享共建,也在一定程度推动基础教育的均衡发展。

另一方面,教育国际化背景下的基础教育共同体建设可以促进城乡教师和学生之间隐性知识经验的传递和交流。教师与学生所具有的隐性知识经验对教育教学的质量有很大的关系,而这些隐性知识经验又不是教师通过传统的培训而轻易能够获得的,需要在长期的观察、体验、模仿、反思、实践中达到掌握与积累。教育国际化背景下的基础教育共同体建设还有利于城乡教师与学生这种隐性知识经验的传递与交流,进而共同促进教师的专业化发展和更好地促进学生的知识学习与技能养成,缩小城乡教育的差距,推动基础教育的均衡发展。

所以,加强我国的基础教育共同体,有利于教育国际化背景下有限的教育资源的配置优化以健全基础教育的办学条件,也有利于加强家庭、学校、社区、政府及其相关部门等教育主体之间的联系与合作并在互动中增强基础教育发展的力量。换言之,加强教育国际化背景下的基础教育共同体建设可以促进基础教育的均衡发展问题,进而更好地服务我国教育国际化的有效推进。

二、基础教育国际化的迫切需要

教育的国际化是社会生产力和国际政治经济文化发展的必然结果。从世界范围来看,为更好地促进经济的全球化,各国的教育必须面向世界,才能赢得更广泛的教育资源,以服务国际化人才培养的需要,进而实现经济发展的互利共赢。从中国内部来看,基于教育资源的有限性,我国必须以面向世界的眼光与战略决策且通过"走出去"和"引进来"的方式才能整合教育资源,更好地推动教育事业的持续发展。作为教育重要组成部分的基础教育,其关系着一代新人的发展水平和全体国民的素质水平,也为高等教育的人才培养工作奠定坚实的基础,因而基础教育在教育国际化的大潮中占据着不容忽视的地位,发挥着不可或缺的价值与作用。

中国基础教育的国际化,从形式上看涵盖教育理念或观念、教育制度、教育目标、教学内容、教学方式、教学管理模式以及资金、课程、教师、学生等教育资源,以相互交流与合作的方式实现"引进来"和"走出去"。这些教育资源的内外交流与合作,一方面可以将国外先进的教育教学经验或成果"引进来",在立足本土化的基础上借鉴性、辩证性与创新性地实施应用和推广,进而增强基础教育的国际化视野、弥补基础教育资源的不足和提升基础教育的国际化水平。

另一方面,中国的基础教育也有其特色,通过"走出去"的方式可以让国外的基础教育在办学中融入中国元素并予以宣传,让国外更多的民众或群体更好地了解中国,进而扩大中国的影响力,为中国的发展赢得更广泛的国际力量。当前,我国基础教育资源的这种"引进来"和"走出去"的需要更为迫切,因为,这不仅是为了中国的更好发展,也是为了世界的更好发展,最终目的是全球政治、经济、文化等各个方面的互利共赢并形成人类命运共同体。从逻辑角度看,世界政治经济文化的共赢发展与人类命运共同体的构建归根结底在人才,而人才的培养靠教育,基础教育在人才培养中又具有奠基性的地位与作用,因而基础教育的国际化更应向宽广度、深层次发展。

我国基础教育国际化,无论是教育理念或观念、教育制度、教育目标、教学内容、教学方式、教学管理模式等的"引进来"和"走出去",还是资金、教师、学生、项目等的交流与合作,从性质与方式讲就是"教育共同体"的生成。因为,无论是中国还是中国之外的其他国家,基础教育之所以要"走出去"和"引进来",基本目的是更好地实现人才培养以更好地服务世界政治经济文化的更好发展。如何保证"引进来"和"走出去"的高效性与实效性?显然需要各国自觉遵循国际惯例以及自行制订的制度、规范或约定才能实现各种教育资源交流与合作的公平、公正与实效。而基础教育阶段的学校在引进国外优质教育资源时,只有立足于本土的基础上科学吸收与应用,才能最大限度地发挥国外优质教育资源的作用并创出办学特色。这一点与"教育共同体"的特征及其生成要求极度吻合。换言之,推进我国基础教育的国际化,事实上也是需要建设好"基础教育共同体"。这一迫切性中国以及其他国家已经深深体会到了。

第二章

教育国际化背景下基础教育共同体建设的思路

扩大基础教育国际化,一条重要举措就是加强基础教育共同体建设,进而以此更好地服务国内外的各项建设。教育国际化背景下的基础教育共同体是"人类命运共同体"的重要组成部分。从外部看,中国要与世界其他国家和地区一起制定基础教育合作新框架,搭建基础教育合作新平台,创新区域基础教育治理模式,形成基础教育共同体,从而一起走合作共赢之路。对内部而言,就是要整合内部资源并进行优化配置,加强校际交流与合作,充分发挥基础教育责任主体的职责与义务,构建起一个个基础教育共同体并发挥基础教育共同体的作用,推动区域基础教育均衡发展,进而推动各项建设。要促成基础教育共同体的有效生成,首先要对"共同体"以及"教育共同体"有全面的了解与认识。

第一节 共同体

"共同体"是一个不断发展的概念,需要我们在动态中把握其内涵,才能更好地理解"教育共同体"。

一、共同体的概念

"共同体"的英文为"community",是由拉丁文前缀"com"("共同""一起"之意)和伊特鲁亚语单词"munis"("承担"之意)组成的,意指"公众团体"。经过不断发展演变,"共同体"这一概念得以在政治学、社会学、经济学、教育学、马克思主义、中国传统文化与外交实践等语境下广泛延伸和运用。但是直到目前为止,"共同体"也未形成统一的定义。如《牛津现代高级英汉双解词典》对"共同体community"的解释就有三种:①共同、共有、共享;②同种族、同宗教、同职业或有共同利益的人所构成的团体;③(由某一地方、地区或国家的人所构成的)社会或社区。有学者统计,仅社会学家就提出了多达90多种的"共同体"定义,以至于难以形成令人们满意的"共同体"概念,也没有什么共同体理论。❶ "教育共同体"的"共同体"主要引自德国社会学家滕尼斯(Ferdinand Tonnies)对"共同体"概念的界定。

共同体思想或理论最先体现在政治领域,其源头可追溯到古希腊时期苏格拉底、格劳孔和阿德曼托斯等人在对话或辩论中提出的"城邦共同体"思想。18世纪法国启蒙思想家卢梭以契约论为基础提出构建政治共同体的设想。卢梭认为,人们因某些需要,希望在基于共同的社会契约基础上组成不分国家、不分个人和不分公私的"公意共同体"。随着共同体思想在政治领域的广泛应用,社会学家也将"共同体"引入社会学领域,其代表性人物是德国著名的哲学家、社会学家费迪南·滕尼斯。滕尼斯在其《共同体与社会——纯粹社会学的基本概念》(又译为《社区与社会》)一书中对"共同体"的概念作了界定:"共同体是通过某种积极的关系而形成的群体,统一地对内对外发挥作用的一种结合关系,是现实的和有机的生命组合。共同体是由个体意志决定、相互发生关系的群体,这是共同体的基本条件;对内对外发挥作用是共同体的功能,现实和有机的生命是共同体的本质。"❷在滕尼斯看来,共同体是一种基于自然意志而形成的社会联系,这种社会联系形成了血缘相亲、地缘相近、精神相依的生活共同体。因此,他认为社区是指价值取向相同、人口同质性较强的社会共同体,这种共同体关系不是社会分工的结果,而是由传统的血缘、地缘和文化等造成的。❸ "共同体"与"社区"在英文表述上虽为同一词,但其意义存在一定区别,两者的最大区别在于:社区一般重在实体、有相对明确的地域范围划分;共同体的范围要比社区的实体概念广阔和丰盈,不仅可表示实体,同时可以表示关系范围,以共同的价值追求和精神理念为标志,且共同体作为哲学层面的范畴更强调精神上的同质而不拘泥于有

---

❶ 张志旻,赵世奎,任之光,等.共同体的界定、内涵及其生成——共同体研究综述[J].科学学与科学技术管理,2010(10):14-20.

❷ 斐迪南·滕尼斯.共同体与社会——纯粹社会学的基本概念[M].林荣远,译.北京:北京大学出版社,2010:48-76.

❸ 斐迪南·滕尼斯.共同体与社会——纯粹社会学的基本概念[M].林荣远,译.北京:北京大学出版社,2010:5-6.

无地域或实体之别。❶ 所以,共同体不是单纯意义上的形式结合,而是外在形态的和谐统一与内在精神有机体的神合,所谓形神皆不散,同时共同体是精神共同体和地域共同体双重维度的整合,能够对内、对外产生积极影响。❷ 然而,滕尼斯只看到了共同体的亲族关系和地域相关联,并没有强调成员之间的共同利益,但事实上随着社会的发展与推进,共同体的概念逐渐超越传统的血缘和地域的限制,并在精神和文化的共同追求上附加了价值、利益等因素。因而"共同体"被社会学家赋予了"为了特定目的而聚合在一起生活的群体、组织或团队"的含义。❸ 在经济学领域,对"共同体"的实践探索最具影响力的地区合作典范是欧盟,"共同体"在教育领域的最早探索是美国教育家杜威关于学校概念的论述——学校即社会。杜威认为,"学校应该成为一个小型的社会,一个雏形的社会","每个学校都成为一种雏形的社会生活,以反映大社会生活的各种类型的作业进行活动……。"❹ 换言之,杜威对学校强调了两方面的意思:一是学校本身必须是一种社会生活,基本具有社会生活的全部含义;二是学校内学习应该与校外学习连接起来,两者之间应有广泛的相互影响。也就是说,学校是一个社会的缩影并与社会形成密切的联系,使学生在学校中就能够体会到社会的需要和价值趋向,并在与社会的相互经验当中获取知识及生活技能。❺ 不难看出,杜威对"学校"的界定蕴含着"共同体"之意。近年来,随着全球化的扩展和交通、通讯的日益便利,"共同体"的概念进一步拓展,成为拥有不同传统、文化、语言以及处于不同地域的群体之间因共同的兴趣、信念、利益或价值追求等形成的各种群体,因而"共同体"在新时代、新语境下被赋予了新内涵。

总之,在不同语境中,"共同体"有不同的释义,但我们仍可从诸多的"共同体"的概念描述中找到其共性:不同国家、地区、群体或社会机构、团体基于共同的利益、目标和彼此的认同,自发建立起来的能够让成员体会到认同感、归属感、责任感、安全感等的组织,其本质就是就共同利益和目标达成共识并通过协议、协调、合作、共同努力实现共同利益和目标的过程。换言之,我们没有必要去给

---

❶ 陈红梅.教育共同体视域下学校与社区互动的研究——基于现代学校制度建设的思考[M].武汉:华中科技大学出版社,2015:98-99.
❷ 刘阳.论教育共同体的内涵与构建原则[J].外国中小学教育,2014(10):38-42.
❸ 冯锐,金婧.学习共同体的思想形成与发展[J].电化教育研究,2007(3):72-75.
❹ 赵祥麟,王承绪.杜威教育论著选[M].上海:华东师范大学出版社,1981:21-28.
❺ 李秀.浅析杜威"学校即社会"教育思想[J].科教导刊,2019(3):12-14.

"共同体"下一个科学的定义,把握了"共同体"的内涵就有利于我们开展好共同体的构建工作。

二、共同体的内涵

在当前的现实社会中,存在着诸多的共同体,如知识共同体、学习共同体、科学共同体、实践共同体、教育共同体、命运共同体等,甚至是一个家庭和它接近的朋友、兴趣相投的一群人、一个经商的集体等也可以形成各自的共同体。这些各不相同的共同体都是由不同的要素组成,是它们在意志上的结合、统一与完善,这需要各方力量的和谐与均衡。

(一)满足自身发展需要的途径

马斯洛的需要层次理论指出,人的需要是一个分等级的金字塔形成结构,即生理的需要、安全的需要、归属的需要、尊重的需要和自我实现的需要,且当低级或底层的需要得到满足或部分满足后高级或高层的需要才会出现。人的社会性需要体现为个体与少数人建立起长期且稳定的亲密友好关系,这种关系能为个体满足高级的需求(如归属的需要、尊重和爱的需要、自我价值实现的需要)奠定基础。马斯洛的需要层次理论在共同体方面同样适用,如以一群有对音乐共同兴趣爱好的老人所组成的一个共同体为例,这些老人在生理、安全方面得到了满足,聚集在一起形成一个"共同体",就是为了与共同爱好者在一起能够切磋技艺,表现自己在唱歌、跳舞以及吉他、二胡、击鼓等乐器方面的技能,以此在这个相互关心、相互尊重、相互支持的"共同体"中感受温暖、展现价值并共同度过美好的晚年时光。因此,从某种意义上讲,共同体是满足共同体各成员或要素发展需要的一个重要途径,其中共同体各成员或要素之间的彼此认同感以及归属感是维系这个共同体存在的基础,而满足各成员或要素的高级需要是这个共同体形成的根本原因,也是这个共同体存在的目的与意义。例如,生活共同体的成员在面对重大灾害或困难时,只有通过参与共同体的各种活动、依靠共同体的帮助才能满足自身的发展需要,并获得社会认同感和归属感等;学习共同体的成员可从共同体中获得归属感、认同感、尊重感等,并在参与共同体活动中增进自身的学习质量。

(二)完成一定的社会功能

共同体是一个比较宽泛的概念,有学者认为一个组织、社区、地区、国家或者是整个人类社会可以分别看作是一个共同体[1],但也有学者认为共同体与社会、社区、组织等有着本质上的区别。因为,一个组织、社区、地区等有着不同的社区联结方式和人际关系意义,也行使着不同的社会功能,如一个民族国家的社会功能是维护这个民族国家的独立、稳定与和谐,以此为这个民族国家的生产生活提供良好的环境与氛围;一个企业组织的社会功能就是为了企业获得更大的利润;一些军队的联盟就是为了打赢战争等。事实上,一个组织、社区或其他类型的团体并不一定具有共同体的精神与实践,这主要是一个组织、社区或其他类型的团体在目的多体现为外在的目的性,如盈利、管理高效、获得更大的发展机会等,而共同体的成员或要素由地域、志趣等自然因素结合而成,其在满足自我实现需求的基础上也为社会贡献一定的力量,即共同体肩负着自我发展需要与社会发展的功能。如一群有音乐爱好的老人所自发组成形成的共同体不仅有助于其成员在音乐技能方向的提升及晚年美好时光的享受,同时能减少子女的顾虑和国家的担忧、提升社会的和谐稳定等;一群有学习追求的学习者自发组织形成的学习共同体不仅能促进学习者自身学习方面的更大发展,也有利于学习者通过参与共同体的各种活动扩大在社会上的学习影响力并更多地为社会做出其他方面的贡献;一个由几所学校、社会组织机构等组成形成的教育共同体不仅有助于学校的协调、健康、长足发展和社会组织机构功能的更大发挥,也有利于为国家或社会的发展培养出更多更优秀的人才等。概言之,共同体既可满足其成员归属感、尊重感、自我价值实现的需要也,可完成其对社会一定贡献的社会功能。

(三)造就一定的精神特质

人具三重属性:自然属性、社会属性和精神属性。

人的自然属性是指人与生俱来的生理和心理的要素。人类最基本的自然属性就是食欲、性欲、自我保护为本能的三种基本机能,其在人的需要层次理论上表现为生理与安全的需要。

人的社会性是指由人的社会生活所决定的人的特性,体现人与自然、人与社会、人与人之间的关系。对个体而言,其首先不能脱离社会而生活,人出生之后总必然要归性于特定的群体、种族或社会中,人一旦离开一定的群体、种族或社会,它就无法成为一个人。其次是必须有社会交往,通过社会往以实现信息的传

---

[1] 张庆东.公共利益:现代公共管理的本质问题[J].云南行政学院学报,2001(4):22-26.

递、相互的了解、相互尊重等。再次是遵守一定的社会规范,以此在社会中能更好地成长。在人的需要层次理论中可表现为认同、归属、尊重的需要。

人的精神性是指人的精神生活相关的属性,主要包括人的理性、意志、情感等,在特征上突出表现为人的精神活动的创造性、价值定向性和有自我意识。人的精神性是人在实现自然属性和社会属性的航标灯或动力源泉,人只有具有崇高的精神追求,才能克服在衣食住行和参与社会实践活动中遇到的问题或困难,以此推进自身不断地进步或发展。也就是说,任何一个共同体都有其精神特质,只有具备一定的精神特质,才能吸引、激发、推动共同体的成员或要素在相互认同、相互理解、相互尊重、相互扶持、相互鼓励的温馨氛围中实现自我的更好发展并为社会做出更大的贡献。要实现共同体的目标,其成员或要素遵守共同体的相关规约是必要的,但更高的要求是能形成一定的精神特质,以此引领共同体的健康发展。

三、共同体的一般特征

一般共同体具有诸多特征,笔者认为主要体现在共同性、自愿性、多元性、自治性和可变性方面。

(一)共同性

共同体的共同性主要体现为兴趣爱好、技能特长、目标追求等的相同性。从一般的概念看,血缘、地域、志趣、利益等的相同性是共同体形成的基础或前提条件,共同的目标或价值追求是共同体形成的根本原因。从内涵上看,共同体的共性为满足自身发展需要、完成一定的社会功能、造就一定的精神特质,只有具有一定共同需要与目标追求,不同个体或要素才有可能、有必要聚集在一起,"话不投机半句多"是不能形成共同体的。可以说,共同性是共同体的灵魂,是共同体成员或要素的价值取向。以学习共同体为例,其成员都有着共同的愿景——能够学习到更全面、更深入、更丰富、更扎实的知识与技能。这个共同的愿景可以凝聚、整合和激发成员的学习动力,并通过成员之间的相互沟通交流以及积极参与共同体各种活动进而实现成员的共同价值追求。此外,共同体的共同性还体现在精神与意识的相同性,即要求共同体成员具有公共精神和公共意识,不能为追求一己私利而不顾公共利益,更不要为追求眼前利益、局部利益而忽略长远利益和整体利益。总之,要想形成或生成一个共同体,除了要以地域、志趣、能力等方面的相同性作为基础外,更要关注目标追求的相同性,否则这个共同体既不能实现成员自身的价值追求也不能实现共同体的社会功能。

(二)自愿性

共同体是不同个体、单位或机构等因出于某种或某些需要而自然组合形成的组织,这一点凸显了共同体的自愿性特征,即成员或要素的加入与退出均出于自愿。任何一种性质或类型的共同体,其成员或要素的加入没有义务性、强迫性,纯粹是加入者出于本心的主动行为。如某社区的部分老人自发形成了书法共同体,该社区仍有部分老人在书法方面有兴趣、爱好或特长但不是共同体成员,他们想加入这个共同体或不想加入这个共同体,全凭自愿,不能用责任、行政手段、社会舆论等要求或强迫他们加入;一个学校有一个骑行共同体,不能对未加入者用讽刺、挖苦或孤立等方式迫使他们加入。成员或要素退出共同体也一样要出于自愿,当发现或感到在共同体中找不到认同感、归属感、尊重感、自我价值实现感、社会贡献感等时,也可自由退出。如果把人们参与共同体当作是一种义务或被迫而为之的行为,那就背离了共同体的本义,是一种强制组织而非共同体了。

(三)多元性

共同体的多元性一方面是共同体由多个成员组成。值得注意的是,不是任何个体、单位或机构等都可以形成共同体,而是具有同质性的个体、单位或机构。在这里,这种同质性与性别、年龄、性质无关,而是突出体现为条件、出发点与落脚点的相同性,如大家都具有书法的爱好与特长、都想通过共同体的形式使书法方面有更大的发展并能为社会做出更大的贡献等,正所谓"物以类聚,人以群分"。

另一方面是共同体类型的多方面性。如:天文爱好者以及与天文相关的部门或机构可以形成学习共同体,不同专业的科学家可以形成科学共同体,不同的学校、家庭、政府部门以及社会机构等可以形成教育共同体,为了防疫,不同国家或世界组织可以形成人类命运共同体。总之,共同体由多成员组成能够增加团队的力量,解决个体依靠自身能力无法解决的问题。共同体类型的多样性表明共同体无处不在、无处不有,也可体现共同体的魅力。

(四)自治性

共同体是不同个体基于某些血缘、地缘、志趣、利益等自然组合形成的,虽然不像政府部门、机构或组织那样有内部的法律或行业规定,但共同体成员或要素也要按照共同体自行制定的规约行事,以此实现共同体的自治并确保共同体的正常运转并达成共同体的初衷。如果共同体成员或要素自行其是,不听从共同体活动开展的组织与安排,不仅不能实现自身更进一步的发展,也会造成共同体所拥有资源的浪费,还会削弱共同体对社会贡献的成效。例如,教育共同体的成员要想共享到共同体具有的物力资源、人力资源、财力资源等教育资源,以此获得更好的发展机会,就必须遵守共同体所制定的规定、制度或机制,否则就无法实现共同体成员的自我发展需要,也不能为社会培养出数量更多、质量更好的人才,还会导致有限的教育资源的巨大浪费,得不偿失。因此,共同体只有自治,才能维系共同体的正常运营以及目标的顺利实现。

(五)可变性

共同体的可变性可从几个方面来看。一是成员的变化。正如前文所言,具有同质性以及共同目标的个体、部门、机构或组织可能会加入已有的共同体,使得共同体实现在成员上的不断壮大;同时有可能部分成员因某些原因退出共同体而造成共同体成员的减少。

二是管理的变化。随着共同体成员的增加或减少、共同体拥有资源的丰富或紧缺等,共同体的内部管理也应作相应的调整,如修订相关制度、规定或规约,这样才能确保共同体在新的情境或环境中更好发展或发挥作用。

三是目标的变化。社会在不断地进步,时代在不断地发展,共同体的目标也不是一成不变的,必须与新的需求相适应才能发挥其应有价值或作用。可以说,共同体总是处在动态的发展变化中,且只有展现可变性,共同体才具有存在的意义,如果"死水一潭",不仅不能吸引同质者的加入,还会导致成员的退出,共同体就是一种摆设,有名无实,最终消亡。

四、共同体的生成

(一)建立共同目标

具有共同的目标是共同体生成的前提,因为只有具有共同追求的个体、部门、机构、团体或组织等才能聚集在一起形成共同体,当共同体具有健全性、稳定性与持久性,其成员会拧成一股绳并通过相互协作以此实现共同目标并满足自身的发展需求。如果没有共同的目标,不同个体、部门、机构、团体或组织等虽然能临时聚集在一起形成一个"群体",但这种群体只是偶合的、暂时性的和松散的,不具有彻底性、稳定性与持久性,一旦不能满足某些利益,这个群体就会分崩离析不复存在,因而它不是共同体。一个国家的不同民族、不同机构、不同组织、不同群体、不同阶层的人,因为具有追求领土完整、政治独立、经济繁荣、社会和谐稳定等的共同目标,因此一个国家就是一个共同体。一个民族,其成员具有共同的发展历史、风俗习惯、精神追求等,它也是一个共同体。正如马克斯·韦伯所说:"在明显的、模棱两可的'民族'一词背后,都有一个共同的目标,它清晰地植根于政治领域。"[1]一群有音乐爱好或天赋的老人能聚集在一起形成共同体,就是因为这些老人具有共同的志趣、都想发挥自己的余热、都在追求幸福的晚年生活。一群有摄影兴趣的大学生也可以生成一个共同体,因为他们都有切磋摄影技术、提升摄影技能、捕捉精彩画面的共同目标。郑葳和李芒的研究认为,学习共同体的生成得益于其成员拥有学习的共同兴趣并渴望能通过大家的共同努力来实现自身及集体的学习目标。[2]陈竺的研究指出,医生和病人,因为有着共同的目标,即战胜病魔、早日康复,因而医生与病人生成了一个共同体,即利益共同体[3]。

我们无论考查哪一种共同体,其成员首先都具有这样或那样的共同目标,而且就是因为这个共同目标才吸引大家聚拢起来,在一起通过大公无私的、持续性的相互帮扶、相互合作、相互贡献,在实现共同目标的同时满足自身更大发展的需要。所以说,共同目标是共同体生成的前提。换言之,要想生成一个共同体,首要条件是有共同目标,而且有能够为实现这一共同目标而奋斗的信心和决心。

(二)获得身份认同

认同(identity)最初为哲学探讨的基本问题,主要体现为社会主体的个人对自身生存状况及意义的深层次追问。现在,认同是社会学领域使用频繁的一个概念,其时常与类别、层次、角色等概念在一起讨论,以此揭示社会生活中的个体与社会的关系。[4]认同的内涵是自我身份的一种追问和确认,通常就是"我是谁?"及其回答。基于认同的这一本质,个体的认同就是确信自己是什么样的人、

---

[1] 王联.关于民族和民族主义的理论[J].世界民族,1999(1):1-11.
[2] 郑葳,李芒.学习共同体及其生成[J].全球教育展望,2007(4):57-62.
[3] 陈竺.医患双方是利益共同体[N].人民日报,2009-12-10(05).
[4] 孙频捷.身份认同研究浅析[J].前沿,2010(2):68-70.

自己属于哪一群体(或层次、组织等)的人以及希望自己成长为什么样的人等;共同体的认同指其成员能体会到自己是这个集体的一员,没有陌生感、孤独感、自卑感等,而是具有浓厚的归属感。所以,无论对什么样的身份认同,其要解决的是自我(群体)同一性、自我(群体)归属感和自我(群体)意识或意义感的基本问题。[1]

目前,许多中国人在国外工作、生活或者已经移民,但他们骨子里始终承认自己是中国人;许多中国人的后裔虽然定居在世界各地,已经成为当地民族的一员,接受当地的文化与习俗,但他们始终承认自己是中华民族的炎黄子孙。正是这种身份的认同,形成了世界范围内的"中华民族共同体"。对于一个家庭来说亦如此,家庭的成员无论身处何地学习、工作或生活,也无论是事业有成还是仍处于水深火热之中,但他们都明确自己是大家庭中不可或缺的成员,有着家庭的强烈的身份认同感,因而形成了村庄、城镇、地区、省区或者是国际的"家庭共同体"。

事实上,现实生活中的每一个人都同时归属于不同的群体,如家庭、单位、非正式群体或组织等,因此每一个人都多重身份,如一个人在家他是妻子的丈夫、孩子的父亲,在单位他是单位的领导,在一个业余爱好者的非正式群体或组织中他只是普通的成员。一个人的身份的自我认同往往是他把自己归属于有哪一种奋斗目标、文化价值观或精神追求的群体中的人。在原始社会中,一个人通常具有家庭、部落、氏族等由血缘和地缘构成的群体的身份认同。在现代社会,一个人的身份认同不仅体现在血缘和地缘群体的身份认同,也体现在政治、经济、文化、教育、职业等方面的身份认同,有时甚至体现在完全随机的身份认同。例如,同时乘坐一辆公交车上的乘客,他们可能互不相识,现状如同一个松散的群体而非共同体(当然,如果从乘客都想安全、准时、如意地乘车到达目的地的角度考虑,也可以当成一个共同体)。但是,如果乘车过程中出现某人抢劫时,又如果除劫匪外的其他所有乘客都能够或者少数几个人能够不畏凶险、产生"有责任保护他人利益不受侵害"的约定而齐心协力制服了歹徒时,互不相识的乘客就形成了一个共同体。

---

[1] 韩震.当代和谐社会建构中的文化认同问题论纲[J].山东社会科学,2008(11):5-8.

(三)感受归属感

所谓归属感,就是某一个体身处某一群体中在身份认同、依恋程度、满意度等方面的情感体验。人不可能离开一定的群体或社会而独立生活,而能够在一定群体或社会中生活中群体的个体必然具有一定的相似性,如具有相似的生活态度、相似的情感体验、相似的价值观追求、相似的行为方式等。而且,在同一因素上的相似性越高就越容易被群体接纳、越能够得到群体或其他成员的认同,个体在群体中的归属感也就越强。❶ 就共同体而言,其生成不仅需要有共同目标为前提、身份认同的获得为基础,也需要归属感的获得来维系。因为,不同个体都具有相同或相似的目标追求,也能获得在群体中的身份认同,这仅仅是为共同体的生成准备了必要条件。如果某一群体中的某一个体或多个个体在这一群体中找不到归属感,无法体验到归属感及其带来的好处,必然会打击他或他们参与群体活动的积极性,埋没他或他们的天赋才能,进而失去融入这个群体的信心,最终只能心灰意冷地选择退出这个群体,因而也就不能形成共同体。从这一情况看,归属感是共同体生成中维系共同体的纽带。

实践中我们也不难看出归属感在共同体生成中的重要价值与作用。如一个家庭,某些成员虽然在奋斗事业中成绩不佳,甚至处于举步维艰的窘境,但大家庭没有排挤或抛弃他或他们,而是让他或他们感受到这个大家庭带来的温暖,"家"仍是他或他们停靠的港湾,这种归属感会激励他或他们重整旗鼓、奋发向上,为家庭共同体的建设做出自己应有的贡献。可以这么说,现实中通过归属感维系共同体的案例比比皆是、举不胜举。

对此,学者赵健认为,现代意义上的共同体是个体寻求独立和归属的两个方向张力的产物。学者王轶认为,有机体论方面的社会观实际上就是集体主义的社会观,其本质是把社会看作是一个共同体,人们之间有某种超越个人利益之上的纽带——共同利益、共同道德、共同信仰等。❷ 郑葳和李芒的研究指出,在人类的发展史上虽然对"共同体"一词有不同的界定和不同的使用方式,但共性就是都含有"归属"的意蕴,即只要群体的成员都体验到一种归属感并对他人的具有信任感和安全感,就容易生成共同体,否则就无法生成共同体。正如

---

❶ 邹明.孤独与人的社会性需要[J].心理与健康,2007(8):9-10.
❷ 王轶.论《物权法》中的"公共利益"[J].北京规划建设,2008(1):13-15.

马克思·韦伯所言,人与人之间在素质、处境或行为上呈现某种共性并不能保证共同体的生成,而是只有在发现共性的基础上并获得自己属于具有这一共性的群体的归属感时才产生"共同体"。❶ 卢梭不相信纯粹的自我利益能够产生维系共同体的纽带,他认为,只有从人的原初的激情或情感中去寻找归属感,才能产生比任何人为的纽带更加神圣与牢靠的纽带。❷ 黄乐嫣(Gloria Davies)也认为,对一个群体来说,无论是亲密无间的家庭、朋友圈还是通过职业、党派、联盟或其他种类的地方性、全国性及国际性机构所形成的团体,其成员是否感受到或体验到优越的归属感决定着共同体的生成与否。❸ 所以,就共同体而言,归属感是一种自然语言,也是一种核心竞争力,它的功能如同葡萄藤,可以使散落的部分"团结"在一起。❹

综上所述,"共同体"经历了长期的发展后其内涵在不断变化,直到现在学术界对共同体的理解和认识都难以达成一致,但从共性的角度可以给出一个描述性定义,即"一个基于共同目标和自主认同、能够让成员体验到归属感的人的群体"❺。教育国际化背景下的"共同体"不是以中国的地域、文化、传统、语言为中心,而是超越了地域、文化、传统、语言等界限并基于人类共同责任、共同利益、共同命运而形成的一个虚拟空间群体。在这个群体中,所有成员获得共同的身份,有主人翁般的责任感,拥有所在群体的认同感和归属感,且成员之间通过共同合作努力实现共同目标和共同事业。正如王义桅教授所说,富有中国特色的"共同体"不同于原先西方世界所倡导的概念,甚至可以说是超越了西方的"共同体"概念。❻ "共同体"所强调的就是一种共同的理念,这种"共同",不是你的或我的,而是我们的。❼ 可以说,当前的"共同体"汲取了中国古代天下为公、天人合一、

---

❶ 马克斯·韦伯.社会学的基本概念[M].胡景北,译.上海:上海人民出版社,2007:68.
❷ 刘诚.卢梭的两个世界:对卢梭的国家观和社会观的一个初步解读[J/OL].中国改革论坛网,2007-04-13.
❸ 黄乐嫣.中国知识界:共同体追求的分歧[J/OL].吴冠军,译.哲学研究网,2003-06-07.
❹ 包万平,李金波.社会需要有文化归属感的大学[N].科学时报,2010-01-12(03).
❺ 张志旻,赵世奎,任之光,等.共同体的界定、内涵及其生成——共同体研究综述[J].科学学与科学技术管理,2010(10):14-20.
❻ 张力玮,徐玲玲.打造新型全球治理模式和新型共同体——访中国人民大学国际关系学院王义桅教授[J].世界教育信息,2017(20):7-13.
❼ 张力玮,徐玲玲.打造新型全球治理模式和新型共同体——访中国人民大学国际关系学院王义桅教授[J].世界教育信息,2017(20):7-13.

和而不同的思想,不再强调传统意义上的地缘、血缘、语言、文化等的同一性,而是体现最大意义的开放、包容、公平、公正。

第二节　教育共同体

"教育共同体"是基于"共同体"的基本特征以及教育的特定内涵与发展要求而逐步形成的社会组织。如今,它日益成为我国教育理论研究与实践探索的"时髦"词语(或话语),并作为一种改革的潮流已在我国教育界备受关注。有人说,当今中国基础教育界正在兴起一场"教育共同体运动",因为许许多多的人为了追寻共同的教育理想自觉地组织在一起,通过持续不断的相互作用而改变着原有的行走方式,力图推进教育的进一步发展。❶ 近年来,中国与其他国家、地区为了培养相互熟悉的政治经济文化人才以提供经济社会共同发展的智力依托,正通过对内和对外的交流与合作对接、优势互补、共同发展等途径方兴未艾地开展着教育共同体的建设。

一、"教育共同体"概念与内涵的解读

教育共同体是共同体理论运用于教育领域后生成的新概念。对教育共同体实践探索最早之人是美国教育家杜威,他认为教育是社会的过程,也是社会的功能,学校处于由家庭、学校、社会等教育主体构成的教育共同体的重要位置,其使命是培养有强烈责任感、富于个性、敢于担当的人,而教育共同体则更多关注个体与社会发展的关系以及个体对社会发展贡献的能力培养。换言之,教育共同体首先具有"共同体"的特征和生成要求,特色在于以培养人以更快地推动社会发展为己任。

(一)教育共同体的概念梳理

关于"教育共同体"概念的界定,不少学者进行了解释,如严亚梅、梁保国(2000)的研究认为,教育共同体是指在同一种教育范式中的教育工作者群体,包括从事理论研究、模式结构、应用推广和教育教学实践的工作人员。教育范式是共同体中每个成员所认同的教育思想、观点、模式、方法和实践的理论基础。而

---

❶ 许新海.建设区域教育共同体推动区域教育和谐发展[J].中小学管理,2017(7):17-19.

教育共同体则是教育范式的承担者。[1] 张伟荣(2006)的研究认为,教育共同体就是在不同教育活动情境中,受相似性的教育目标、教育内容、教育形式等因素影响而形成的交往共同体。教育共同体既可以是一个实体概念也可以是一个关系概念,作为实体概念的教育共同体指以共同意志和共同行为为特征的不同主体而聚合在一起的一个共同体,而作为关系概念的教育共同体则表示这个共同体需要不同主体以一定的交往方式、交往过程才能完成共同的意志或目标。[2] 刘阳(2014)的研究认为,教育共同体是一种特殊的社会交往模式,对于促进社会发展和个人成长发挥着举足轻重的作用。教育共同体的构建需要构成要素发挥其完全自发性的激情,即全体成员共同参与决策,并能够有效利用和整合多元的环境,以共同利益的实现为发展目标,在规则和制度的维系下开放、共享、自治,是全体成员共同建构现代公共生活的过程。而且,教育共同体的主要组成因素包括学校与社会、学校与家庭、学校与社区、教师和学生、学生与学生等,它们彼此相关,在彼此之间的精神结合与行动上的相互融合基础上产生了共同追求的教育价值与成效,以符合自身特质的方式实现自我发展与创新。[3] 陈红梅(2015)的研究认为,持有相同或相近的教育价值取向、承担共同的教育伦理责任的多元异质教育主体自愿组成的遵守一定教育范式的联合体即为教育共同体。同时,她认为判断不同教育主体形成的一个群体是否为教育共同体的标准就是:必须是多元异质教育主体的联合;组成必须以自愿为前提;必须以相同或相近的教育价值观为基础;以承担教育伦理责任为己任;运作上要遵循一定的教育范式;[4]郄海霞、刘宝存(2018)的研究指出,基于"共同体"内涵的不断发展变化,教育共同体的内涵也是在不断发展变化的,当前的教育共同体,是一个超越了地域、文化和语言界限,以共同利益、共同责任为核心,建立在平等和尊重基础上的多元文化群体。无论现在还是将来,教育共同体的核心仍是人才培养,以实现共同利益为最终目的,主要通过教育项目、教育模式、治理机制的创新以实现合作

---

[1] 严亚梅,梁保国.教育范式与教育共同体[J].洛阳工学院学报(社会科学版),2000,18(4):82-87.
[2] 张荣伟.教育共同体及其生活世界改造[D].苏州:苏州大学,2016:16-27.
[3] 刘阳.论教育共同体的内涵与构建原则[J].外国中小学教育,2014(10):38-42.
[4] 陈红梅.教育共同体视域下学校与社区互动的研究——基于现代学校制度建设的思考[M].武汉:华中科技大学出版社,2015:105-109.

共赢。[1]

严亚梅、梁保国对教育共同体的定义的优点在于强调了教育范式,同时强化了教育共同体运作的要求、规划与模式,其不足之处主要在于教育这个共同体可以是一个松散的群体,而且没有将群体成员的共同价值追求居于首位并体现出来。张伟荣对教育共同体概念的界定突出了"共同体"共同性(即共同的意愿或目标追求)特征,但对教育共同体在"培养人"的本质方面体现不足。刘阳对教育共同体的解释既体现了教育共同体的共同价值追求这一共同体生成的前提,又体现了完成教育共同体共同目标的内在要求,还体现了教育共同体以培养人而服务社会发展的本质。陈红梅对教育共同体的阐释虽然紧紧抓住了"共同体"的生成要素及其运行要求,但并没有凸显教育共同体的基本落脚点——培养人。郄海霞、刘宝存对教育共同体持有的观点赋予了教育共同体在新时代应具有的意义,突出了教育共同体培养人的基本任务,也表明了教育共同体产生效力的内在要求。因此,笔者比较赞同郄海霞、刘宝存对"教育共同体"的理解。

可以说,对"教育共同体"概念的界定可谓众说纷纭、莫衷一是,各有各的道理。因此,要实现对"教育共同体"概念的科学理解,需要紧紧抓住几点:①这个教育群体应由多个不同的教育主体组合而成;②这个教育群体中各不同主体具有共同的目标或价值追求;③这个教育群体中的各不同教育主体在群体内都能获得身份的认同;④这个教育群体中各不同教育主体可以找到存在感或体验到浓厚的归属感;⑤各不同教育主体在参与这个教育群体所开展的各项活动中必须遵守群体约定的规章、制度、行为方式等;⑥这个教育群体的最终目的是能够培养出更多更优秀的人才以更好地服务社会的健康发展。无论是怎样的教育共同体,始终要将出发点和落脚点定位于"培养人"上,因为尽管不同时代有不同的教育追求,但"培养人"始终是教育的宗旨,而为了实现人才培养的目的(或价值取向),教育所涉的不同行为主体只有紧密地联合起来,各自承担自己的责任,并按照一定规则开展各种教育活动,才能实现共赢并保证人才培养任务的顺利完成。

(二)教育共同体的内涵认知

教育共同体是由多个不同教育主体基于共同的教育目标或价值追求而自发

---

[1] 郄海霞,刘宝存.教育共同体构建与区域教育治理模式创新[J].湖南师范大学教育科学学报,2018,17(6):37-44.

组合而成的、按照相互约定的行为方式或运行模式积极开展各种教育活动来实现人才培养以推动社会更好发展的群体。从本质上看,教育共同体是一种特殊的社会交往模式,其对受教育者的健康成长和社会的稳定推进具有积极的价值与作用。

一方面,教育共同体是各不同教育主体在共同意志、意愿、意图或目标、价值上的组合、统一和完善。教育共同体的教育主体包括学校、家庭、社区、政府部门、社会机构、民间团体或组织等,也可以是教师、学生、家长、政府工作人员、社会人士等。其中,学校是教育共同体的核心主体。这些教育主体基于获得更好的教育发展的共同需求相聚在一起,凝聚成一股目标统一、功能健全完善的教育力量,共同完成人才培养的基本任务。

另一方面,教育共同体中的不同教育主体所秉持的共同意志、意愿、意图或目标、价值等是他们活动的方向、指向或标灯,而要实现共同意志、意愿、意图或目标、价值等,各教育主体首先应明确自己是这个教育共同体不可缺少的一员,且为自己能成为这个共同体的一员而感到自豪,也能体验到这个共同体给自己带来的温暖和力量,即在这个共同体中拥有认同感和归属感。其次,教育共同体的各教育主体要充分主观能动性,积极展现自身优势,多途径共同参与决策,才能最大程度地形成整体力量,实现优势能互补、劣势有帮扶。再次,教育共同体的各教育主体只有遵循这个共同体所立定的要求、规则或制度等,才能确保共同体各项活动的顺利开展并实现预期目的,进而以此维系共同体的内涵式建设与发展。

此外,教育共同体的基本目的是更好地培养人才,最终目的是更好地服务社会的发展。从功能上看,教育的生理、心理以及社会性(主要是指个体的社会性和个性化)的发展,能够完善政治制度、推动经济的进步,能传递、保存、更新或创新文化。概言之,教育既具有促进人发展的功能,也具有推动社会发展的功能。教育在促进人健康发展的过程中,家庭教育、学校教育、社会教育、自我教育分别具有基础、主导、检验、自我提升的作用。而要实现这些作用,需要家庭氛围和谐、父母行为表现良好,家庭教育方式方法得当,需要培养目标科学,办学条件健全,教育内容合理,教育途径、方法、手段得当等的学校教育,需要生产力发展水平高、物质财富丰厚、文化传统正能量、社会风气良好的社会教育,还需要思想意识端正、目标任务明确、有毅力并能坚持的自我教育。教育对社会的贡献,主要体现为：教育通过培养劳动力、科学技术转化、科学技术创新等推动经济的发展；教育通过培养政治人才、提供政治民主氛围、营造思想意识形态等加快政治的发展；教育通过文化的传递、传播、提升、创新等加强文化的发展。教育认为人和社会的发展问题中，人的发展是需要教育来培养的，而社会政治、经济以及文化的发展是需要人去实践操作推动的，所以培养人始终是教育的根本出发点和落脚点，这也是教育的质的规定性。从教育领域看，无论是家庭教育、学校教育、社会教育还是自我教育，各阵营的教育只有紧密地联系起来，才能充分、高效地发挥各自在培养人方面的价值与作用，这也正是需要或形成教育共同体的始因。为此，更好地培养人才以更好地服务社会政治经济文化的健康发展是教育共同体与其他类型的共同体的根本区别。

二、教育共同体的特征及构建要求

教育共同体是"共同体"的下位概念，因此教育共同体除了具有一般共同体的特征外，也因自身领域的特殊性而具有自身的特征及构建要求。

(一)教育共体的总体特征

教育共同体所追求的是一种基于更好培养人以更好服务社会政治经济文化健康发展的基本活动态度与活动方式，因而在特征上总体体现为目标的一致性、资源的共享性和维系的自治性。

1. 目标的一致性

教育共同体的目标一致性特征是指教育共同体的教育主体都以能够培养数量更多、质量更优的人才而更好地服务社会各项事业的更大发展为共同目标。从领域上讲，教育总体上可分为家庭教育、学校教育、社会教育和自我教育。就家庭教育而言，无论这个家庭是富裕还是贫困、完整还是不完整、父母受教育程度高还是低，绝大多数希望自己的儿女能够身心健康地成长，长大后对国家和社会有贡献，因而会通过各种方式、途径或方法给予儿女精心的教育或培养。就学校教育而言，无论学校的教育理念先进还是滞后、教学条件的优质还是劣势、教学手段方法的单一还是丰富，都不会背离办学的宗旨——培养出更多更优秀的学生。对于社会教育，无论社会生产力的先进与落后、物质的丰富还是贫乏、价值取向社会还是个人，一方面在追求人才，一方面也在尽其所能为人才的培养提供人力物力财力的大力支持甚至是实践上直接培养人才。对于自我教育，无论个人的目标追求崇高还是低俗、远大还是渺小、健全还是欠完整,绝大多数希望通过自身努力成为能独立的人、不受社会淘汰还有一定贡献的人。也就是说,无论是家庭里的家长、学校中的教师、社会相关的部门或机构、人(或学生)自身都在从事"培养人"的工作或追求人特别是学生的更大发展,因而明确地体现了各教育主体在"培养人"这一目标上的一致性。而正是这种目标的一致性,为教育共同体的产生提供了基础和条件。

从另一角度看,虽然家庭、学校、社会以及自我在"培养人"方面具有目标的一致性,但仅仅依靠单个力量很难实现健全"培养人"的,因为无论是家庭还是学校、社会或个体自身的条件、资源、能力或环境等毕竟有限,而要把一个人培养成为身心健全发展、专业或技能精湛、高尚的品质或价值,则需要多方力量的共同努力才能完成。所以,要完成真正、全面"培养人"的工作,家庭教育、学校教育、社会教育以及自我教育必须密切配合,各自发挥应有的价值与作用,并形成统一战线,才能实现人的科学培养问题。

2. 资源的共享性

教育共同体是由具有共同需求且终极目标一致的家庭、学校、社区、政府部门、社会组织或机构、民间团体以及其他教育主体或资源构成的,生成教育共同体的目的是将各教育主体的有限的教育资源或力量集中起来形成充足的教育力量或健全的教育条件,以此更好地"培养人"进而更好地服务社会各项事业的发展。也就是说,教育共同体一旦生成,其成员就可以便利地利用教育共同体丰富的教育资源以弥补自身的不足,进而在人的培养方面发挥更大的作用。例如,在一个由诸多教育主体构成的教育共同体中,部分家庭的家长对子女虽然有科学的教养方式,但自身知识水平却有限,此时教育共同体中的学校便可以给予弥补,甚至家长还可以从教育共同体的其他家庭那里取得更多的教养信息,进而让自己在教育子女方面的水平更上一层楼。学校是培养人的主阵地,但学校的教育力量也是有限的,有时可能因为教育理念、人力物力财力、管理等方面的问题制约其培养人的成效,此时它就可以从教育共同体中的政府部门、社会组织或机构获得发展教育的办学资金,从国内甚至国外的教育共同体的其他成员学校获得先进的教育理念以及管理经验,也还可以从社区、家庭方面增补教育力量,进而优化培养人的条件和环境。而负责社会政治经济文化发展的政府管理部门,其在发展中需要的人才、意识的宣传、舆论的制造等则可凭借学校、家庭、社会组织或机构等来完成。

换言之,教育共同体能实现其成员在资源方面的共享性,而正是这种共享性,弥补了单个教育主体在培养人方面所存在的这样或那样的不足,优化了各教育主体在人的培养上的作用,并以团队合作的方式在人的培养、服务社会发展方面做出更大的贡献。实践证明,只有达成教育共同体在资源方面的集中性以及资源利用方面的共享性与互动性,才能有效实现教育共同体的诉求与目标。

3. 运行的规范性

事物的健康发展都需要遵循一定的规律或者是遵守一定规章、制度、约定或法律法规等,教育共同体的维系与推进也不例外。

首先,教育是非营利性的,因此教育共同体的运行不能像经济共同体那样追名逐利,更不能投机倒把、瞒上欺下,而是要遵循教育的规律。遵循教育规律一方面是遵循人的发展规律。人的发展规律体现在:①顺序性,即人具有从简单到复杂、低级到高级、量变到质变的顺序;②阶段性,即人一般具有乳儿期、婴儿期、幼儿期、童年期、少年期、青年期、中年期和老年期;③差异性,即每个阶段内个体之间在发展水平、个性特点、兴趣爱好等的明显差异,如"少年得志""大器晚成"等;④不均衡性,即人在不同年龄阶段的发展速度与水平、机体机能与心理等方面是不均衡的;⑤互补性,即人在某一方面的机能受损或缺失后可通过其他方面的超常发展加以补偿,如有的人虽有眼疾但听觉超好。

遵循教育规律另一方面体现在遵循人的发展规律的基础上因材施教:基于人的发展的顺序性,教育必须尊重个体身心发展的顺序性,采取循序渐进的原则施以相应的教育,不能"陵节而施"或"拔苗助长",否则会造成教育的负效应;基于人的发展的阶段性,教育必须从个体发展的规律出发,根据不同年龄阶段的身心发展特点在目标、内容、手段等方面施以适宜的教育,绝不能"一刀切"或"一锅煮";基于人的发展的差异性,教育教学中注意共性的同时特别要关注个体身心发展的个别差异,做到因材施教,从而促使每个个体的身心都能得到充分的发展;基于人的发展的不平衡性,要求在教育中要善于抓住人的素质发展关键期并实施健全、完善的教育,同时教育者要树立信心,不忽视任何一个学生,对暂时落后或某些方面有缺陷的学生更要给予特别的关注,通过科学的教育方法帮助学生发挥优势、长善救失,进而不断激发学生学习的自信心与自觉性,力争在最短的时间内获得最佳的学习效果。此外,遵循教育规律还体现为教育在推进中必须保持与社会政治经济文化发展的一致性与协调性。总体上看,教育的发展呈现出滞后、平行、超前于社会政治文化三种状态,但大多数表现为与社会政治文化发展的并行,这样更有利于教育推动社会政治经济文化发展的同时社会政治经济文化为教育的发展提供更好的服务。作为教育共同体,其维系、运行并实现自身的目的或目标,从宏观上讲就首先需要遵循上述所说的教育规律。

其次,遵守一定的制度、规范或约定。虽然教育共同体不是某些法律或法规的强制下生成的,但在维系或运行中必须遵守一定的制度、规范或约定。教育共同体是由具有共同需求、目标一致的不同教育主体自发联结形成的一个团队,各教育主体在联结之时就明确了要遵循的一些制度、规范或约定,如家庭必须配合学校做好学生的思想教育及良好学习、生活习惯养成的监督工作,社区必须营造健康的校外环境,学校必须完成学生知识增长和技能提升的教育任务,政府部门必须保障学校教育、家庭教育、社区教育在人力物力财力以及管理规范方面的提供,各学校之间能互学互鉴,国内国外教育信息的畅通和资源的互补等。换言之,教育共同体的各不同教育主体只有遵循教育共同体所立订的制度、规范或约定,才能便利地享受到教育共同体所集聚形成的丰富教育资源,才能有效利用集体的力量弥补自身在培养人方面存在的欠缺,才能为教育共同体展现出自己应有的作用与价值,不断为教育共同体增添力量,进而在团队协作、各显神通的运行状态下实现教育共同体培养更多更优秀的人才以更好地服务社会政治经济文化发展这一共同目标。如果教育共同体的各教育主体不坚守自身的职责与任务,只有索取没有付出,且不遵守该教育共同体所要遵守的相关约定、规定或制度而自行其是,形同散沙自然凝聚不起集体力量,也不可能实现自身的健康发展,教育共同体目标的完成更是望洋兴叹。所以,要维系或运行好教育共同体,各不同教育主体必须遵守该教育共同体所制订的各种制度、规范或约定,在自治中实现共同的目标追求。

最后,不能违纪违法。教育共同体的生成虽然不是某些法律或法规的强制要求,教育共同体的维系或运行也需要遵守该教育共同体所立订的有关制度、规范或约定实现自治管理,但也应以不违纪违法为基本前提。

因为,一是教育共同体所制订的制度、规定或约定要以基本的法律法规为基础。如教育共同体所制订的制度、规定或约定要以《中华人民共和国宪法》《中华人民共和国教育法》《中华人民共和国义务教育法》《中华人民共和国未成年人保护法》《中华人民共和国刑法》《中华人民共和国民法通则》等国家基本法及相关的法律法规为基础,不能违背这些基本法和相关法律法规的规定与要求,否则教育共同体所制订的制度、规定或约定就失去其合理性、科学性、合法性与有效性。

二是教育共同体所开展的一切活动必须遵纪守法。法律法规是人们正确行动的指引,人们只有按照法律法规的要求办事,才能保证在利益不受侵害的基础上获得更大的收益。在教育共同体活动的开展中,各教育主体在践行自身的权利与义务时,唯有遵守法律法规基础上落实该教育共同体所订立的有关制度、规范或约定,才能有效实现培养出更多更优质的人才以更好地服务社会政治经济文化的发展这一共同目标,如果存在违纪违法的"交易",必然一方得利而另一方失利,有损自由性、平等性、共同进步性的构建初衷。如学校为了获得更好的教学纪律或秩序,对某些学生进行了体罚,虽然从目的上讲是为了学生的更好发展,但却损伤了学生的心理健康,也违背了《中华人民共和国教育法》《中华人民共和国义务教育法》《中华人民共和国未成年人保护法》等的相关要求。又如在教育共同体的活动开展中,出现"非等价"的"交易",则违背了经济法或其他法律法规的基本要求,有失活动的公平公正性。笔者认为,这些情况都不是教育共同体想看到的。为此,教育共同体在系统或运行中,还要遵守法纪法规。

(二)教育共同体的构建要求

教育共同体是由具有"培养人"以更好服务社会政治经济文化发展这一共同目标的多个教育主体聚合而成的一个团队,且按照群体的订立的制度、规则或约定积极开展各种教育活动而达成共同的目标。在教育共同体的构建中,必须切实关注并保持如下的行动。

1. 确保共同目标

教育是社会各行各业的基础性工程,根本原因在于"人"是各行各业建设与发展中的最活跃的因素,而教育的特色功能是为社会各行各业培养并输送人才。教育涉及千家万户,与每个人的利益切实相关,而不同的人又依据相似或相同的性质或类型形成不同的群体,即教育主体,如学生、教师、家长以及社区、政府或政府的有关部门、社会组织或机构、民间团体等。也就是说,教育事业的建设与发展与这些教育主体有着千丝万缕的联系。

事实上,由不同的人依据相似或相同的性质或类型形成的群体的目标追求是多样的,例如:学生这一群体不仅追求知识的增长与技能的提升,也追求能够过上美好的社会生活；家庭不仅千方百计设法提高经济收入，也多途径地培养子女使其身心健康成长；社区不仅追求邻里的和谐、经济的腾飞和治安的稳定，也追求为学校教育打造健康的环境与氛围；学校不仅追求办学理念的先进、办学条件的优质和各项管理工作的至善，也追求能为上一级的教育培养出或输送更多更优秀的生源；政府或政府有关部门不仅履行好为地方政治经济文化良好发展的服务职责，也为地方教育的内涵式发展提供人力物力财力甚至是环境与氛围的保障；社会组织或机构不仅追求自身的更大发展（如教育培训机构的主要目标是获得更多的资源以取得更大的经济利益），也为教育提供技术、咨询甚至是资金方面的支持与帮助。严格上讲，不同群体的目标追求还远不止这些。

尽管这些群体的目标追求具有多样性，但仍可以找到一个相同点——开展"培养人"的工作，如学生群体通过自我教育提升自己的知识与技能的拓展，家庭通过营造温馨的家庭氛围和实施科学的教养方式推动子女的健康成长，学校通过优化办学硬件软件提升人才培养质量，社区通过净化校园周边环境辅助学校教育的高效开展，政府或政府部门通过教育资源的有效配置促成教育的均衡发展，社会组织机构团队通过各种教育服务以及捐资助学让学校、家庭与学生获得更大的发展等。也就是说，这些群体既是归属于不同性质或类型的群体，又是肩负着不同职责的教育主体，在"培养人"的工作中发挥着不同的作用与价值。

在"培养人"的进程中，各不同教育主体虽然都能发挥自身的价值与作用，但力量毕竟是有限的，且基于教育"培养人"的长期性、艰巨性与复杂性，各不同教育主体只有紧密地结合，才能为"培养人"的工作创造更优越的条件与力量。当然，从形式上讲，一个地区、省区、国家甚至是整个世界的不同教育主体可以形成一个"大教育共同体"，如果从小范围来看，只有那些志同道合尤为突出、心情上倍加迫切的不同教育主体才能形成"教育共同体"，而且是各具特色的教育共同体，同时这个教育共同体的成员可能会分布在不同地区、不同省区甚至是不同国家。而这个教育共同体一旦形成，各成员就必须坚守共同目标，以共同目标为引领积极、有效地开展各种教育活动才完成与实现共同目标。

2. 基于制度、规定或约定进行自治管理

制度、规定或约定是开展各种管理工作的先导，也是提升管理效益的重要保障，教育共同体活动的开展也不例外。

正如前文所说，教育共同体的形成不是法律或法规强制下生成的，而是由共

同志向的不同教育主体自发组织而成，其维系或运行通过共同遵守共同体订立的制度、规定或约定。当然，这些制度、规定或约定必须以国家的法律法规为前提或依据。

教育共同体活动的内容十分广泛，例如：国家财政对学校的经费拨款，地方政府对学校的规划布局、学校规模的设定、学校教职工编制的供给，政府某些部门或机构以及社区加强校园周边餐饮、小卖部、娱乐场所、安全隐患的治理，家长配合学校做好子女的思想与行为的教育工作，社区代表、学生家长直接参与学校的内部管理，不同学校之间互访、经验交流、项目合作，与海外教育资源的相互利用以及合作项目的开展等。从理论上讲，教育共同体参与这些活动是其职责与义务，是他们本身应该要做的事情。但是，如果没有按照自行立订的制度、规定或约定予以监督、敦促或约束，他们的主观能动性、参与活动的积极性以及在活动中的配合性与互动性就不是那么容易凸显出来，因为人都是有私心的——利己是人的本性，如果活动开展中不遵守教育共同体所订立的制度、规定或约定，部分教育主体就有可能在从教育共同体获得利益的同时密守自己的"杀手锏"，或者是体现出懒政、怠工、消极等懈怠思想与行为，如政府不及时给学校拨付经费、不科学配置编制等可能造成学校教学不能正常开展，教育行政管理部门不关注学校或不注重学校办学的引领就有可能造成学校教育与发展的偏差，政府有关部门、社区不净化校园周边环境就有可能导致学生"近墨者黑"的后果，家长不积极配合学校的相关工作就有可能丧失家校共育的潜在价值，各学校的不坦诚只能造成交流与合作停留在表面，与海外教育资源的合作和项目的开展不坚守"互利共赢"的原则会造成教育资源的浪费等。由此可见，教育共同体中的各不同教育主体在参与教育共同体各种活动时如果不遵守自身制订的制度、规定或约定所带来的弊端是极其严重的，不可能实现教育主体自身的内涵式发展，更不可能实现教育共同体的目标。

为此，为确保教育共同体的维系、健康运行以及共同目标的顺利实现，各教育主体唯有自觉遵守教育共同体所制订的制度、规定或约定进行自治管理，即通过这些制度、规定或约定时刻铭记自己的职责与义务，在活动中充分展现自身优势、互学互鉴、相互帮扶、抓差补缺并提高办事效率，才能建设好教育共同体。

3. 彰显教育共同体特色

特色是指某一事物或某种事物显著区别于其他事物的形式和风格，它是由这种事物赖以产生和发展的特定的、具体的环境因素所决定的。特色的价值与功能，一方面可以吸引人的眼球，赢得更多的关注，从而在受人欣赏、赞许、激励以及支持和帮助的氛围中获得更大的发展；另一方面是值得其他人的学习、反思与变革，即他人会思考：别人为什么能展现如此的特色？成功的秘诀是什么？自己是否也能展现自身的特色？又该如何展现自身特色？教育共同体的建设亦如此。

"教育共同体"是一个比较宽泛的概念。如果从构成情况看，学生与教师可以形成一个教育共同体，家庭与家庭可以形成一个教育共同体，学校与政府以及政府的相关部门可以形成一个教育共同体，学校、家庭、社区（或社会）可以形成一个教育共同体，区域内的不同学校可以形成一个教育共同体，省区、国内不同的学校可以形成一个教育共同体，国外的学校与国外的学校或教育及其他机构也可以形成一个教育共同体，等等。如果从规模上看，构成教育共同体的教育主体可多可少，没有规定的标准。如果从活动的内容上看，可以是资金、技术、人员方面的帮扶，可以是课程与教学方面的共同构建，可以经验方面的推广应用，可以是教育资源方面的互补，也可以是项目方面的合作与研发，等等。为此，这就为教育共同体创建特色提供了先决条件或者是提出了必然要求。因为，不同教育共同体之间是不可以完全相同的，一定存在着这样或那样的区别，如两个教育共同体即便都有项目方面的合作与研发的活动，但在内容、广度、深度等多方面都有可能存在差异。而不同教育共同体正是基于这些差异同时在自身的不懈努力下将这些差异做成了特色，体现出与众不同的生命力，并凭借特色继续努力以将教育共同体的价值与作用发挥得更大更深远。

换言之，彰显特色也是教育共同体的一个目标追求，而如何才能彰显特色又是另一个值得思考的问题。不同教育共同体如何才能彰显自己的特色？笔者认为，坚守培养出更多更优秀的人才以更好地服务社会政治经济文化发展的共同目标，遵守教育共同体订立的制度、规定或约定积极参与各项活动是基础，更高的要求在于教育共同体中的各教育主体都能够发挥创造性思维，拓展发展思路，挖掘建设路径，合理配置教育共同体资源，充分发挥各教育主体的特长与作用，在大局意识的引领下夯实各项基础，凝心聚力、互动协作、锐意进取才能凸显自身特色，并以特色为契机，赢得更大的发展空间与资源，有效完成教育共同体的时代使命。

第三节 教育国际化背景下基础教育共同体建设的机制

教育在各项建设中具有基础性、先导性作用。但学者朱永新曾经说过:"教育在本质上是一个理想的事业。从整个中国的教育现状来看,我们的教师缺少了一点诗人的气质,缺少了点理想的追求,缺少了点青春的活力,也缺少了点创造的冲动,而这一切都与理想有关。一个没有理想的人不可能走多远,一个没有理想的教师不可能走多远,一个没有理想的校长不可能走多远,一个没有理想的学校也不可能走多远,一个没有理想的教育更不能走多远。"[1]

基础教育作为整个国民教育体系的基础阶段,在推进教育国际化的进程中不可忽视。可以这么说,加强基础教育共同体建设,是各项事业发展的内在要求和重要保障。为此,我们要从构建教育国际化背景下基础教育共同体的理想出发,按照基础教育的发展规律和社会发展趋势加深对基础教育共同体的认识、理解与把握,落实好教育国际化视域中基础教育共同体建设的各项工作,才能避免"雾里看花"导致"跟着感觉走"的窘境。

当然,我们可以预设教育国际化背景中基础教育共同体建设带来的美好前景,也能清晰地看到教育国际化背景下基础教育共同体关涉的教育主体所具有的功能及其肩负的责任,但我们必须理性地认识到,教育国际化背景中基础教育共同体的构建与发展道路将是曲折的。从现实条件看,我们不能不费吹灰之力就找到有效破解教育国际化视域中基础教育共同体建设瓶颈的办法,但从长远来看,随着社会的不断发展,相信有些困难是可以随着基础教育的各项改革与完善逐步解决的。即便有些难题可能长期存在,但这一切并不能动摇我们的信念:必须加强教育国际化背景中基础教育的建设,同时基础教育共同体必将在教育国际化的推进中发挥出其应有作用。正如吴康宁教授所说,虽然我们无法控制和改变外在的生态环境,但我们也不能消极地等待社会变化,而应有所作为,积

---

[1] 张荣伟.教育共同体及其生活世界改造——从"新基础教育""新课程改革"到"新教育实验"[D].苏州:苏州大学,2006:174.

极地推动社会变革。❶

为此,我们应加深对教育国际化背景下基础教育共同体建设迫切性的认识,充分发挥主观能动性,积极探索基础教育发展规律,全面把握教育国际化视域中基础教育共同体建设的内外机制,创造性地开展好各项工作。若能做到这一点,教育国际化背景下基础教育共同体的理想与现实离我们并不遥远。

一、对"机制"的认识

机制是社会科学界特别是法学界、经济学界、管理学界目前使用频率非常高的概念,如市场机制、约束机制、用人机制等。对于"机制",《现代汉语词典》(修订本)的解释为:①机器的构造和工作原理,如B超机的机制;②有机体的构造、功能和相互关系,如鼻咽炎的机制;③某些自然现象的物理、化学规律,如降雨的机制;④一个工作系统的组织或部分之间相互作用的过程和方式,如竞争机制。❷ 由此可见,机制具有多重含义,我们可以把机制理解为一个客观系统内部各要素的组织结构及各要素、子系统间相互作用具有规律性的运行过程、运行方式。❸ 更为简单地理解,机制就是制度加方法或者是制度化的方法。

构建教育国际化背景下的基础教育共同体就是一个工作系统,其工作的开展需要秉持相应的机制,即政府、学校、社区、家庭、社会、社会组织(或机构)甚至是公民等明确自己的角色与责任,遵循教育的发展规律,依照制度化的工作方式方法,才能最大限度地发挥各自的优势和作用,最终实现教育国际化背景下基础教育共同体有效生成的共同愿景。

二、教育国际化背景下基础教育共同体建设机制的落实

教育国际化背景下的基础教育共同体建设,需要各教育主体坚守自身职责并遵循自行订立的制度、规定或约定,积极参与各项活动且互动才能完成。

(一)政府强化引领与扶持效力

政府是指国家进行统治和社会管理的机关,也是国家表示意志、发布命令和

---

❶ 吴康宁.深化教育改革需实现的三个重要转变[J].南京师范大学学报(社会科学版),2013(3):5-11.
❷ 吕叔湘.现代汉语词典(修订本)[Z].北京:商务印书馆,1998:581.
❸ 王海珍.中国非营利组织监督机制研究[D].长沙:湖南师范大学,2007:10.

处理事务的机关。从层级上看,政府包括中央政府、省(自治区、直辖市)政府、市(州)政府、县(区)政府以及乡(镇)政府。从组织体系上看,它包括人民政府以及政府的相关部门如教育行政管理、财政、工商、民政、司法等部门。从特点上看,其以公共利益为服务目标、以权威性和强制力引领与协调公共领域各项事务的发展、以不同职能的机关的各司其职形成整体力量推动各行各业建设。从职能上看,政府为政治、经济、文化、教育、卫生等各领域的建设与发展提供服务和保障。

政府的基础教育职能,就是在保证教育公益性的同时,对学校进行宏观监控,为学校提供完善的服务,提高教育的质量和学校的办学水平。因此,为确保基础教育的大发展,政府要实行以下措施。

一是要提供经济保障:基础教育的发展需要一定的经济保障,作为基础教育直接受益者的国家理应提供基础教育的大部分作用,发挥基础教育投资的主渠道作用。

二是要为基础教育的发展塑造制度环境:基础教育的制度环境主要是规范基础教育领域内以及与基础教育有关的社会成员的行为的环境,其包括教育法律法规、一般的行为准则、人们的伦理道德等十分广泛的内容,目的是为基础教育阶段学校的发展创设一个良好的运行环境,构成一种符合市场经济秩序的合作与竞争关系,并在约束和激励的统一中提升办学质量。

三是进行宏观规划调控:为了适应社会发展的需要,政府对基础教育阶段学校的管理进行宏观的规划与调控,并强化服务意识,规范自身的管理行为,以此提高服务能力。

四是要引导和协调各教育主体的利益冲突:在基础教育的改革与发展中,各教育主体之间可能会产生某些矛盾,政府作为这些矛盾的管理者和裁决者,需要强化自身的责任意识,客观公正地处理这些矛盾,切实维护基础教育各行为主体的利益,以此保障基础教育正常与健康地发展。

五是保护弱势群体以增进基础教育的公平与效益:以市场为导向的教育资源配置让不同的中小学获得了较大发展,但同时也扩大了强势群体与弱势群体之间的差距,并有可能让那些因地理位置偏远、办学条件滞后的学校陷入尴尬的发展困境,产生不公平问题,因而政府要时刻关注弱势群体,规避两极分化,进而促进基础教育的均衡与公平发展。

为此,加强教育国际化背景下基础教育共同体建设,各级政府需要强化自身的引领与扶持效力。例如,中央政府在制定、出台有关基础教育发展的方针和政策时,首先要有国际化意识,其次是制定和完善相关的法律,再次是教育投入向薄弱地区倾斜并加大对教育经费使用的监管以此保障基础教育经费的充足和合理使用,进而为教育国际化视域中基础教育共同体建设营造良好的国际与国内环境与氛围。地方政府,如省(直辖市)、市(州)、县(区)以及乡(镇)政府,在领会中央政府的精神与要求的基础上,根据自身的实际情况加大对基础教育共同体建设的人力、物力、财力的投入外,还要做好基础教育共同体所涉及的其他教育主体之间的统筹与协调工作,把分散在不同部门、单位或群体的教育资源给予整合利用,优化基础教育共同体建设的管理、监督和评价体系,同时破除各教育主体各自为政的不良状态,创新社会参与途径,鼓励和引导各教育主体积极参与基础教育共同体建设并形成互动,为教育国际化背景下基础教育共同体的构建与发展营造出良好的地方环境与氛围。

(二)学校积极主动投入

学校教育在培养人方面发挥着主导作用。首先,学校教育是一种有目的地培养人的活动,它规定着人的发展方向。教育的质的规定性是培养人。在家庭教育、学校教育、社会教育以及自我教育中,只有学校教育能排除和控制一些不良因素的影响,给学生以更丰富的正面教育,有利于学生的德智体美劳以及与个性相统一的健全发展,使学生按照一定的时期的社会需要的方向发展和成长。

其次,学校教育能给学生较全面、系统和深刻的影响。学校教育是根据一定社会的要求有目的、有计划、有组织的教育,而不是偶然的、片段的教育,即学校根据学生的不同年龄阶段,通过确立适宜的目标、选择适宜的内容、运用适宜的方法对学生实施有计划、有系统的各种科学文化知识和思想品德的教育。同时,学校教育是通过专业人员来进行的,他们明确教育的目的,熟悉教育的内容,懂得教育的规律和方法,促进学生在德智体美劳等方面全面与健康发展。此外,学校中学生的教育与社会中成人的教育有很大的不同,成人的知识的增长和思想品德等的提高除了依靠所受的教育外,更多地依靠工作中的实践、自学和自我修养,而学校中学生的知识的获得、技能的提高和良好思想品德的养成主要依靠教师的引导与培育。

再次,学校教育的主导作用是有条件的和相对的。学校教育在培养人方面的主导作用的发挥依赖学校的自身状况，如学校的物质条件、师资队伍、管理水平等，即学校的物质条件越优越、师资队伍素质越高、管理越完善，学校教育在培养人方面的成效越明显，培养出的人才数量就越多、质量就越好，反之就越差。

最后，学校教育在培养人方向的主导作用的发挥还与学校之外的其他因素有关，如学生的主观能动性，学生的家庭经济状况、家庭结构和家长职业类别、文化程度、教养方式，社会的生产力发展水平、科技发展现状、社会环境、文化传统、民族意识、公民整体素质等。当家庭教育、社会教育以及学生的自我教育与学校教育相一致时，学校才能按照教育规律做好各项工作，学校也才能更好地发挥其在培养人方面的主导作用，反之就会受制约或阻碍。

为此，加强教育国际化背景下基础教育共同体建设，第一，各中小学要在国家教育方针政策的引领下，结合教育国际化对基础教育提出的内在要求，与时俱进地更新教育理念，全面深化教育改革，并强化育人责任、提升服务能力。具体地讲，各中小学要立足学生的身心自由、全面、健康、持续的发展的根本任务和学生成长规律、学校发展规律，积极从政府及其相关部门、社区、家庭、社会、社会组织（或机构），甚至是国外的中小学、教育机构或社会组织（或团体）等中获得更丰富的教育资源，以此优化学校办学的物质条件，为学生的高质发展打下坚实的物质基础。

第二，各中小学要加强教师队伍的内涵建设。教师是提升教育国际化背景下基础教育质量的核心。从实践中看，不同国家的基础教育都将教师的发展视为本国基础教育事业健康发展的优先事项。根据时代的发展要求和教育国际化的内在诉求，我国的基础教育必须找准教师的素养定位，即教师要具有国际化的意识和强烈的民族感，具有扎实的专业知识技能与国际沟通能力，具有深厚的本国传统文化积淀和丰富的外国传统文化积累，具有数字化、技术化、多样化、开放化以及选择教育资源、组织与开展个性化教学的技能，是学生学习的共同伙伴。同时，要以素质优良、公平可持续为共同取向提升教师的国际竞争力，以"互联网＋教师"为常态注重教师的信息素养和应用能力，以健全教师队伍长效发展保障机制促进教师的合理流动进而缩小学校之间的师资差异，以此强化中小学教师队伍的内涵发展，为教育国际化背景下基础教育共同体建设奠定坚实的师资队伍。

第三，各中小学要不断改革创新管理措施以提升管理水平。改革创新管理措施是教育国际化背景下基础教育共同体建设中教育资源高效配置并发挥最大限度作用的重要保证。教育国际化背景下基础教育共同体建设涉及诸多的人力物力财力,但它们是不会自动配置的,需要人去运作,而运作需要管理,只有科学的管理才能出高效益,否则就是教育资源的浪费。例如,现实中某些中小学仍存在与政府及其相关部门、社区、家庭、社会组织或机构等在某种程度上脱离的现象,不仅造成了教育资源配置的成效低,也导致优质学校的建设和学生的健康成长受阻。因而通过管理的改革创新可以实现学校与政府及其相关部门、社区、家庭、社会、社会组织或机构甚至是国外的教育资源的有效联手和互助合作,以此形成教育国际化背景下基础教育共同体建设的强大力量。事实上,各中小学加强管理的改革与创新,也有利于国际化素养的教师培养,吸引更多力量参与到基础教育共同体的建设中来,以及增强基础教育共同体服务教育国际化推进的能力等。

(三)家庭紧密配合

苏联著名教育家苏霍姆林斯基说:"教育的效果取决于学校和家庭的教育影响的一致性。如果没有这种一致性,那么学校的教学和教育过程就会像纸做的房子一样倒塌下来。"[1]习近平总书记在2018年9月10日的全国教育大会上指出,"办好教育事业,家庭、学校、政府、社会都有责任。家庭是人生的第一所学校、家长是孩子的第一任老师,要给孩子讲好人生第一课,帮助扣好人生第一粒扣子。"[2] 由此可见,在教育国际化背景下基础教育共同体的构建过程中,家庭需要紧密配合好学校及其他教育行为主体做好家庭教育工作并充分发挥家庭教育在人才培养方面的重要作用。

关于家庭教育的内涵,鲁迅认为:"父母要继续生命……还要教这个生命去发展。教这个新生命,便是十分重要的家庭教育。教育是培养人才,推动人才发达,促进社会不断进化的一种事业。"[3]《辞海》认为家庭教育是"父母或其他年长者在家庭里对儿童和青少年进行教育。……社会主义国家的教育任务虽然主要

---

[1] 苏霍姆林斯基.给教师的一百条建议(上)[M].杜殿坤,译.北京:教育科学出版社,1984:292.
[2] 坚持中国特色社会主义教育发展道路培养德智体美劳全面发展的社会主义建设者和接班人[J/OL].中华人民共和国教育部网,2018-09-10.
[3] 鲁迅.鲁迅文集[M].长春:吉林摄影出版社,2000:26.

由学校承担，但也确认家庭教育是教育后一代的重要阵地。"[1]事实上，"家庭教育是一个具有丰富内涵、宽阔外延的概念，它以家庭构成的要素为边界线，通过家庭内部成员之间终身不断地相互作用的互动为存在形式，具体表现在显性和隐性两个层面的相互作用。显性层面上，家庭成员之间通过有意识的、自觉的、有形的方式提供能够被其他成员意识到的影响活动。隐性层面上，借助家庭社会背景、生活习惯、家庭环境等提供无主体的浸入式无意识觉察的交互活动。依据儿童在家庭中的时间和空间的不同，呈现不同的影响。"[2]因此，学校教育的重要基础是家庭教育，家庭教育是学校教育的有力配合和有效补充，学校教育只有与家庭教育及社会教育密切配合形成教育合力，才能有效完成符合国家发展需要的人才培养任务。

在教育国际化背景下基础教育共同体建设进程中，家庭或家庭教育应做好如下几方面工作。

1. 营造良好的家庭氛围

一是营造出良好的学习生活环境。每个家庭的经济水平不一样，住房条件也各不相同，对于环境的标准还有不同的看法，但在居室的布置方面整洁、色彩协调是基本要求，进而为孩子提供一个舒适、温暖、宁静的生活与学习环境。例如，可以在孩子学习的房间（或空间）贴上孩子的荣誉证书、一些座右铭等，以此提高孩子学习的自信心；当孩子学习时，家长在旁边读书、看报，以此带动孩子安心地学习，而不是做出打麻将、看电视、玩手机等有损榜样形象的行为。

二是养成良好的作息规律和生活习惯。家长要在休息、吃饭、娱乐、工作、学习等方面形成稳固的生活习惯和作息规律，潜移默化地促使孩子在时间观念上也养成良好的习惯，为他们在学校以及社会中养成自觉遵守集体纪律、讲究社会公德、维护社会秩序等良好习惯打下基础。

三是构建温馨和睦的家庭氛围。研究表明：温馨、和睦、文明、民主的家庭氛围有利于孩子自信心强、性格开朗、情绪稳定、情感细腻与丰富、团结友爱等品质的形成。这是因为温馨、和睦、文明、民主的家庭氛围能给孩子带来安全感，让孩子生活在温暖、幸福和愉快中；其次是温馨、和睦、文明、民主的家庭氛围能让孩

---

[1] 辞海编辑委员会.辞海[Z].上海：上海辞书出版社，1980：1023.
[2] 杨宝忠.大教育视野中的家庭教育[M].北京：社会科学文献出版社，2003：172-173.

子获得归属感,体验到家庭对他们的尊重与爱,进而也学会尊重他人、爱他人,自尊与自信自然地增强;特别是当孩子遭遇挫折、碰到困难时,他们可以从温馨、和睦、文明、民主的家庭中获得指引并汲取力量。总之,温馨、和睦、文明、民主的家庭氛围有利于孩子个性和社会能力的良性发展,对孩子在智慧的启迪、知识与文化视野的扩大、审美情趣的提高,认知能力的提升等方面都有不可低估的作用。

所以,良好的家庭氛围是孩子塑造幸福人生、实现身心健康发展的基础,也是开展好家庭教育不可或缺的条件。

2. 提升家长的教育素质

家长作为教育子女的第一责任人,其教养方式对孩子成长的影响是巨大的。父母教养方式是父母的教养观念、教养行为及其对儿童的情感表现的一种组合方式,这种组合方式是相对稳定的,它反映了父母与子女交往的实质。[1] 子女的教育问题不是简单地复制父辈的抚养模式,也不是直接把其归为学校教育的责任,良好的家庭教育对子女的情感模式和处事模式都有很大的影响,只有不断提升家长的教育能力,促使家长从单纯的抚养者的角色转变为教养者的角色才能更好地促进子女身心健康发展。[2]

从某种程度上讲,家庭教育更多是对家长的教育。有研究者提出家长除了具有作为一般公民应具备的素质外,对孩子成长更直接、更关键的影响是家长的教育素质。家长教育素质的高低是家庭教育是否成功的关键因素之一,教育素质包括家长的教育观念、教育态度、教育能力、控制情绪的能力等。[3] 笔者认为,对家长的教育需要一个渐进的过程,其目的是促进"家长教养知能"的提升。所谓"家长教养知能",就是在养育和教育子女的过程中,家长需要秉持科学的教育理念将教育知识内化为教养能力,其包括两个相互关联的系统:①获得教养知识的系统;②教养知识内化为教养能力的系统,具体包括家庭教育的基础理论,合理可行的教养模式,适合孩子个性的教养方法,恰当的教养手段,教养问题的有效解决方法以及幸福家庭的建设能力,以此发挥家庭的教化功能,促进孩子全

---

[1] 周丽婷.幼儿家庭教育中父母教养方式的调查分析[J].学理论,2013(2):241-242.
[2] 朱慧洁.从抚养者到教养者的智慧——促进家长教育能力进阶的必要性及策略研究[J].科教导刊,2018(8):128-130.
[3] 赵刚,王以仁.中华家庭教育学[M].北京:中国出版集团研究出版社,2016:95.

面、终身发展,促进家庭和谐健康发展,促进社会文明进步。[1]

美国霍普金斯大学"家庭—学校—社区合作"研究专家艾普斯坦(Joycl Epstein)等人提出了重叠影响阈理论。这一理论将心理学、教育学、社会学的观点整合起来,进而从社会组织的视角为家校合作影响个体发展的研究提供了理论基础。该理论认为孩子成长所依托的家庭、学校与社区都拥有共同的教育目标,承担着相同的教育任务,这三者的作用在对孩子的教育上产生着重叠影响,并且这种重叠影响力会不断累积。[2] 协同理论的创立者哈肯(Hermann Haken)认为,客观世界存在着各种各样的系统:宏观的或微观的、有生命的或无生命的、自然界的或社会的。各系统内部各子系统之间受相同原理支配,这个相同原理使各子系统之间相互影响而又相互合作,形成的协同效应并且组织成为协同系统。[3] 家长教养知能的提升,理应需要发挥学校、家庭和社会构建起的合力,形成学校、家庭和社会的协同效应(其中,学校教育处于主导地位,指导家庭教育并协调社会教育),进而才能保障教育系统的发展呈现有序、和谐、平衡的良态。

为此,教育国际化背景下基础教育共同体建设需要汇聚学校、家庭、社会以及其他教育主体之合力,从家庭方面看则要以家长教育为切入点,通过相关课题的研究从教育学、心理学、社会学、伦理学、文化学和哲学等多个视角探究家庭教育。其中,在提升家长教养知能方面,①要以家校社融合取向的家长教养知能提升理论为指导;②要以学校为抓手、以家长教育为切入,融合社区教育构建家校社融合育人的运行机制;③实践"三融合(超越、融合和自觉)、四模块(生发展、家庭建设、家长教养与合作共育)、四梯队(家庭教育专家、家庭教育教研员、家庭教育优秀校长园长和家庭教育种子教师)和三载体(家庭、学校和社区)"的家长教养知能提升育人模式;④运用新媒体技术(QQ群、微信群、工作坊、云平台等)创建拓展家长教养知能提升的教育平台等。

3. 拓展家长参与的渠道

家长的参与热情与参与渠道情况在很大程度上影响着基础教育共同体建设

---

[1] 王治芳.构建家校社共同体提升家长教养知能——山东省家长教育创新纪实[J].中国成人教育,2019(21):75-79.

[2] 杨启光.重叠影响阈:美国学校与家庭伙伴关系的一种理论解释框架[J].外国教育研究,2006(2):76-80.

[3] 刘翠兰.家校合作及其理论依据[J].现代中小学教育,2005(10):3-4,26.

的效果。家长要及时了解学校的办学理念、办学思路和教学教育情况,对学校的内涵发展问题提出自己的看法与见解,突出家长的地位和价值并做到集思广益,激发参与教育管理的热情,积极配合学校发展的决策与举措,才能最大限度地发挥其在基础教育共同体建设中的重要作用。

从路径上看,一是成立家长委员会。目前,绝大部分的中小学基本成立了以班级为单位的家长委员会。家长委员会代表着家长群体的共同立场,出于对孩子共同利益的考虑为学校各种教育教学活动开展提供了多方面的支持。

二是通过家长会参与班级管理。新时期,在素质教育倡导学生全面发展的大环境大趋势下,家长会是进行家校沟通、共同挖掘学生潜力、促进学生全面发展等家校共育的重要纽带。对学校来说,家长会召开之前要做好家长会内容的整理,打破传统家长会为"成绩会"的弊病,而是侧重学生潜力挖掘、能力开发等各个方面的总结与报告;在家长会召开过程中,重点是针对学生的学科成绩去分析学生潜在的问题,并且从综合性学校学习表现来和家长探讨学生能力培养的方向,从而让家长也能够充分了解到学生受教育过程中尽可能多的方面,进而在课后的家庭教育方面进行有针对性的引导和启发。就家长而言,则要充分利用家长会了解学校的发展理念、办学思路与举措以及自己孩子在校的学习生活情况,针对现有成就与不足力所能及地贡献自身力量。

三是利用现代化的沟通工具多方式参与教育共同体构建。随着网络化时代的到来,QQ、微信等 APP 已经成为家长参与基础教育共同体建设的有效渠道或平台,家长应充分利用好这些家校社的沟通渠道为基础教育共同体的建设工作献计献策,促成理想的教育国际化背景下基础教育共同体的早日形成。

(四)社区大力奉献

何为社区?社会学的研究认为,社区一方面为聚集在某一地区中的社会群体所形成的相对集中的区域;另一方面是聚集在这一区域的成员具有诸多认同感,如在信仰、社会规范、风俗等方面具有共同的认知和行为方式,成员按照约定俗成的生活态度和行为准则行事。我国使用"社区"这一名词是在 20 世纪 90 年代以后,且随着农村经济的发展和城市功能的日趋完善,社区在我国的发展势头越来越好。

从区位上看,社区有城市(城镇)中的社区和农村中的社区(如同过去农村所称的"生产队")。从功能上看,社区具有满足居民生活需求、社会融合、社会参与、社会互助、社会安定等功能。中小学通常设置在邻近、紧靠或位于一定的社区之内。因此，积极、充分发挥社区教育的作用，对教育国际化背景下基础教育共同体建设具有深远的价值和意义。事实上，社区必然是教育国际化背景下基础教育共同体不可或缺的一个教育主体，其坚守自身的教育职责、大力奉献自身的教育力量影响着教育国际化背景下基础教育共同体建设的进程与水平。

第一，社区是教育国际化背景下的基础教育共同体建设不容忽视的一大教育主体。社区不仅是群体生活的地方，也是在文化、风俗、行为规范等方面具有认同感的区域，还是参与中小学管理的一大教育主体。一方面，社区在社会精神文明建设中肩负着重要作用，如社区不仅直接规范着社区成员的生活行为与秩序，而且通过各种活动的开展为中小学营造积极向上的精神氛围；另一方面，社区通过加强中小学校园周边有损于中小学生身心健康的环境的治理以及安全隐患的消除，为中小学创造出优质的自然环境，在一定程度上帮助中小学提升对学生思想和行为的教育与管理成效，进而促进学生身心的健康成长。社区的这些作用，决定了社区是教育国际化背景下的基础教育共同体建设不可缺少的一大教育主体。

第二，社区的特点影响着中小学的教育效果。社区的经济状况与社会特征可从三个方面影响与其邻近、贴近或社区中的中小学的教育效果：一是社区的发达程度影响中小学的教育效果；二是社区对中小学的重视程度影响着学校的教育效果；三是社区与中小学的结合度影响着学校的教育效果。具体地讲，就是社区的发达程度决定着社区对中小学教育工作的物质支持程度。社区在中小学的办学中承担着重要的管理角色，因为社区不仅拥有着一定的教育资源，还能根据社区发展的需要为其邻近、贴近或社区中的中小学筹集、配置一定的教育资源。发达的社区可以为中小学提供人力、物力、财力以及智力等方面的大力支持，而欠发达的社区对中小学的支持力度则会相对薄弱。事实上，社区对中小学的物质支持力度并不能完全决定社区对中小学的教育效果，还与社区对中小学的重视程度密切相关。因为，无论社区发达与否，只要重视其邻近、贴近或社区中的中小学的健康发展问题，就会对中小学提出规范与要求，也会凭借现有力量积极参与解决社区在思想、社会、道德等方面存在的问题，进而为中小学营造出优质的校园周边自然环境、氛围和风气。如果社区不重视，就不会参与中小学校园周边环境与风气的治理工作。此外，社区的发达与否、对中小学的重视程度如何，都只是社区影响中小学教育效果的外部因素,只有社区实现与中小学的内部结合,积极参与到学校教育的内部管理工作,才能有效提升社区对中小学的教育效果。

第三,社区的风俗、人的行为规范对社区邻近、贴近或社区中的中小学教育工作也存在一定的影响。如我国农村的一些民俗活动虽有强化中国传统文化的意义,但那些带有迷信色彩的民俗则会给中小学教育带来负面影响。又如,如果社区的人员行为不检点,有盗窃、斗殴、赌博等表现,这些不良习气也会腐蚀社区中的中小学生的心灵,进而影响他们身心的健康成长问题。为此,为发挥社区对中小学的应有价值与作用,社区还要加强活动开展和人的行为规范的治理,为学校教育工作的有效开展营造健康的外围环境与风气。

总之,社区对基础教育的发展能够产生重大影响,是基础教育发展中的一大教育主体,理应成为教育国际化背景下基础教育共同体中的成员。而作为一个教育主体的社区在教育国际化背景下的基础教育共同体建设中价值与作用的有效发挥,有赖于社区加强自身管理,与学校树立共同治理理念,配合学校做好相关工作,在与学校的互动中切实履行好对其邻近、贴近或社区中的中小学的职责和义务,以此贡献出在教育国际化背景下基础教育共同体建设中的应有作用与力量,推动教育国际化背景下的基础教育共同体的内涵式建设。

(五)社会广泛参与

在这里,笔者所说的"社会"主要指国家或地区层面的"大社会"、社会中与学校发展相关的非政党、政府组织的社会组织或机构以及社会中的公民。因为,"社会"是共同生活的个体通过各种各样关系联合起来的集合,其群体范畴大到国家政党、小到民间组织甚至是一个家庭,且就"组织"而言,既包括政党、政府性质的组织或机构,又包括非政党、政府组织的民间组织、团体或机构。国家在实质上是以一方领土为界限的大社会,政府、教育行政部门、学校、社区、家庭都可以看作是一个"小社会",关于"小社会"参与基础教育共同体建设的机制落实问题前已有所论述,故在此着重探讨国家层面这样的"大社会"、非政党、政府性质的社会组织或机构以及社会公民在教育国际化背景下的基础教育共同体建设中的应然表现。

1."大社会"营造出适宜的环境

基础教育共同体的有效建设离不开良好的社会环境的支撑。一方面,社会要坚持正确的政治舆论导向,坚守社会主义核心价值观,在多渠道供给人、财、物与管理等方面的力量的同时传播教育发展的正能量,积极引导好基础教育共同体建设。另一方面,要加强社会不良风气与行为的治理,树立教育发展的正确观念,加大对大众传媒的监控,竭力杜绝有损基础教育共同体建设的不良信息与内容的散播,为基础教育共同体建设提供洁净的社会空气和良好的风气与氛围。此外,还要配合好工商、城管、卫生等部门加强对基础教育阶段中小学校园周边环境的治理,减少校园周边污浊状况对学校正常教育工作的破坏,为基础教育共同体建设提供有利于学生身心健康发展的外部环境等。

2. 社会组织或机构贡献教育良性发展的力量

非政党、政府性质的社会组织或机构,有些是非营利性的(如中华慈善总会、母亲的抉择(中国香港)、中国青年志愿者协会、中国青少年基金会、中国扶贫基金、中国红十字会、海外中国教育基金会、联合国儿童基金会等),有些则是营利性的(如新东方、环球雅思、北大青鸟、中公教育等)。作为非营利性的社会组织或机构而言,其运营对教育方面的贡献主要体现为捐资助学。为此,在教育国际化背景下的基础教育共同体建设进程中,这些非营利性的社会组织或机构应该拓展人力、物力、财力的筹措渠道,多角度、多方式、全过程地给予基础教育共同体建设支持与帮助,不断增强对基础教育共同体建设在捐资助学以及其他方面的力度。而营利性的社会组织或机构,虽然不能脱离赚钱的目的,但也要在积累资本的同时为教育国际化背景下的基础教育共同体建设做出一定的贡献,如提供免费的教育咨询、方案策划、技术指导等。总之,如果缺少了社会组织或机构贡献的正能量,教育国际化背景下基础教育共同体建设的阻力就会增多,道路就会更为曲折,效果也会不尽完美。

3. 社会公民的积极参与

学校是社会公民享受社会公共利益的一个场所,学校应秉持公共责任的精神做好教育学生的工作以此完成社会公民交付给学校的任务,同时社会公民也要树立公共意识和责任意识,积极支持、配合以及参与学校的教育及其管理工作。所以,作为社会公民,首先要认识到教育学生,加强学校教育发展,推动教育事业更上一层楼不仅仅是政府、教育行政部门、学校的事情,如有的家长把孩子送到学校自己就做"甩手掌柜"显然是不对的,而是要明确自身在教育子女、服务学校发展以及推进教育事业中所担负的责任。其次,要不断提升教育意识与教育能力，深入了解自己在教育子女、服务学校教育、推进教育事业发展中的权利与义务，不做教育的文盲，也不做服务教育的滞后者，而是争当教育的奉献人。再次，要根据自己所处的环境、所从事的职业、所拥有的教育资源为教育国际化背景下的基础教育共同体建设力所能及地多途径做贡献，不做基础教育共同体建设的旁观者。概言之，只要社会公民积极参与，必将助推教育国际化背景下的基础教育共同体建设的青春与活力。

（六）积极争取境外教育资源

我国教育国际化背景下的基础教育共同体建设，从范围上讲不仅是家庭—学校—社区（或社会）的教育共同体，也可以是区域内、不同省区之间的教育共同体，还可以是国内与国外共同形成的教育共同体。而且，就教育国际化的内在要求而言，我国国内的基础教育更应与国外的教育资源融合生成基础教育共同体。

我国国内基础教育要争取国外教育资源以推进教育国际化背景下的基础教育共同体建设，也需要构建教育资源的相互利用机制，包括以下几个要点。

一是需要梳理各方面的权力界限以此为资源的相互利用提供前提和保障。国内基础教育与国外基础教育在教育资源的"引进来"和"走出去"的途径是多方面的：资金的提供，教育理念、政策、制度、管理模式、教学经验等的互学互鉴，课题或项目的合作研究，课程的合作开发与利用，主题活动的开展，师生的互派，互访参观、交流，等等。但无论是哪一种途径，都应基于权力界限的基础，这样才能不损国家情怀与民族自信心，不损对方利益，才能保证公平公正，进而教育国际化背景下的基础教育共同体建设才能满足双方的发展需要最终实现教育共同体的目的、目标或任务。否则，这个基础教育共同体就不会长久，甚至还可能引发国与国之间的矛盾，因此必须构建起有效的教育资源相互利用机制。

二是需要走向市场化。教育共同体的生成不具备强制性或强迫性，其构建以共同目标、职责的充分履行和人才的合格培养为基础，因此我国的各级政府、基础教育阶段的中小学以及其他机构或组织在争取国外教育资源时不能是命令式，而是基于自愿性、自由性。而要实现这种自愿性、自由性以及高效性，教育国际化背景下的基础教育共同体建设在争取境外资源的过程中就需要立足国际性教育资源市场，并充分遵循市场规律才能实现教育资源在市场中的有效"引进来"和"走出去"，进而促进教育国际化背景下基础教育共同体建设的健康推进。

三是教育资源的沟通与利用的多样化。即要克服教育资源与利用的单一化,形成网络化的链接路径,以此实现教育资源在沟通与利用方面内容、形式、路径等的多样化。这就要求我国基础教育阶段的中小学在教育国际化背景下的基础教育共同体建设中依据自身条件或创造条件力争在资金提供、课程开发、项目合作、师资培训、教师互派等方面全方位、多途径地"引进来"和"走出去",以此为教育国际化背景下的基础教育共同体建设寻找到、整合到、利用到更丰富的境外教育资源。

我国国内基础教育一方面要争取国外教育资源以推进教育国际化背景下的基础教育共同体建设,另一方面是需要构建相互联系与合作的机制。规章制度是维系教育共同体和推动教育共同体健康运行的重要保障,非制度性文化则能增进双方或多方的了解与理解,并能形成积极向上、开放合作的良好心态。为此,在教育国际化背景下基础教育共同体的推进中,为了确保教育资源有效地"引进来"和"走出去",还需要加强相互联系与合作方面机制的建设,从而保障教育国际化背景下的基础教育共同体各教育主体之间的相互理解与包容,增强国内基础教育资源与国外基础教育资源的沟通与交流,强化教育主体的责任意识,并形成共同进步的氛围,进而推动教育国际化背景下的基础教育共同体建设的健康发展。

总之,在教育国际化背景下基础教育共同体建设机制的引领下,中国教育国际化背景下的基础教育共同体建设取得了一定的成效。例如,自2008年大陆与台湾两岸关系进入"大融合大发展大合作"后,福建与台湾地区的中小学开展的参访交流与校际合作、学术研讨与学术论坛,共同举办夏令营和文娱活动、开设台生班服务台生就读等[1]的教育交流与合作一直持续到现在。2015年8月10日,上海长宁区与蚌埠市龙子湖区、怀远县举行基础教育合作交流项目签约仪式,龙子湖区、怀远县进一步加强与长宁区教育的合作交流,积极学习长宁的先进教育教学经验,努力实现基础教育的内涵发展。[2] 而基于基础教育国际交流共同体建设的理念,上海长宁区在教育国际化背景下的基础教育共同体建设方面也取得了一定成效,如与外教开发"Let's Do"课程培养学生国际理解力,组织外教与本土教师就小学绘本教学主题的同课异构活动,与澳洲、英国、美国、爱尔兰、芬兰等国的中小学多次开展国际教育专题研讨活动,聘请国外教育专家对教

---

[1] 陈芳芳.闽台基础教育交流合作的现状与前瞻[J].海峡教育研究,2013(3):21-24.
[2] 怀远县教育局.怀远牵手上海长宁加强基础教育合作交流[J/OL].安徽教育网,2015-08-16.

学情况进行点评提升教师的教学技能发展空间,等等。这些举措助力了教育国际化背景下的基础教育共同体建设。❶ 2018年,内地与澳门教育暨青年局实施"姊妹学校"项目,内地与澳门的246对中小学已建立"姊妹学校",成为内地与澳门基础教育资源共享、协同发展的重要平台。❷ 王贵存在其文章《学校教育、家庭教育、社会教育怎样有机结合》中认为,家庭教育、学校教育、社会教育各有特色,彼此很难互相代替,只有这几方面密切配合,取长补短,构建学校、家庭、社会三位一体的协同育人环境,必须使这三方面形成共识,明白各自责任和应担负的任务,各司其职形成一个教育整体,这样才有利于形成一个大教育网络,形成一个好的教育环境,才能更有利于学生的健康成长,才能使学生获得比较好的教育效果。❸ 刘俊霞(2016)的研究指出,在学校、家庭、社会所形成的教育合力中,学校教育处于主导地位,但只有学校、家庭、社会协调一致、相互配合才能保证整个教育在方向上的高度一致,并通过各种教育间的互补作用增强教育的整体效果。为加强学校与学生家庭之间的相互联系,学校可以通过建立通讯联系,组织家长委员会,定时举行家长会,举办家长学校,开展家访活动等途径加强与学生家庭的联系。为加强学校与社会教育机构之间的相互联系,可通过建立学校、家庭和社会三者结合的校外教育组织以及学校与校外教育机构建立经常性的联系和走出去、请进来的方法与社会各界保持密切联系。❹ 常春旭(2018)的研究强调,家庭、学校、社会的协调教育要创新,而创新的途径有以下三种:①要提升家长的品德、改变父母落后的教育思想、改进教育方法以发挥家庭教育的基础作用;②学校在教学中渗透德育教育、在活动中渗透德育教育、重视后进生的转化以体现学校教育的主体地位;③社会要监督学校外部环境、协调政府加大资金投入、协调乡村或社区领导干部对学生的教育以凸显辅助作用。❺ 关于基础教育共同体,赵欣浩的《打造教育"新共同体"推进基础教育优质均衡发展》一文中指出,打造

---

❶ 熊秋菊,张萌.基础教育国际交流共同体建设的区域探索——以上海长宁教育国际联盟为例[J].上海教育科研,2019(2):16-19.
❷ 于嘉,李寒芳.教育部:内地与澳门教育交流合作生动体现"一国两制"优越性[J/OL].新华网,2019-12-12.
❸ 王贵存.学校教育、家庭教育、社会教育怎样有机结合[J].中国校外教育,2014(12):34.
❹ 刘俊霞.浅谈家庭教育、学校教育与社会教育的结合[C]//北京中外软信息技术研究院.第四届世纪之星创新教育论坛文集,2016:72.
❺ 常春旭.学校教育、家庭教育、社会教育协调发展创新研究[J].读与写,2018,15(4):121.

以政府、学校、社会新型关系为核心的教育共同体是实现教育治理现代化的重要途径,其本质就是对教育改革目的、教育发展规律和人才培养意义及其条件需求的尊重,即规范公共权力运行,赋予教育系统更多的自治空间与自治权力,建立权力清单与责任清单,进而实现以法治为保障、以共治为路径、以善治为目标的治理,从而推进基础教育的优质均衡发展。❶ 2019年4月1日,全国模范教师、武汉市首届功勋班主任、江岸区育才小学刘芳老师在江岸区东西湖实验小学给东西湖区的上百名班主任和骨干教师上"思政课",是东西湖区、江岸区区际基础教育共同体活动的一部分。❷

教育国际化为基础教育的内涵式发展带来了契机,教育国际化背景下的基础教育共同体建设有很大的努力空间,有待我们去挖掘,困难虽多,但只要齐心协力,建立教育国际化背景下的基础教育共同体的前景同样辉煌!

---

❶ 赵欣浩.打造教育"新共同体"推进基础教育优质均衡发展[J].杭州周刊,2018(10):48-49.
❷ 施政.首个区际教育共同体携手,给老师上一堂特殊的"思政课"[N].长江日报,2019-04-01(3).

第三章 广西教育国际化背景下的基础教育共同体建设的践与思

广西壮族自治区是开展教育国际化实践较早的省区,尽管"基础教育共同体"的内涵与外延在其民众心中还不够清晰,但某些中小学的所作所为已经向基础教育共同体的本质靠拢,其实践成就让我们欣慰,存在的不足也值得我们反思。

第一节 小学的基础教育共同体建设实践

为助推教育国际化,广西部分小学特别是边境地区的某些小学在基础教育共同体建设中有值得借鉴和推广的做法。

一、崇左市A学院附属小学

A学院附属小学自2011年落成以来,通过发挥集团办学优势、有机整合片区资源、积极推进教育创新获得了快速与和谐发展,在群众中树立了良好的口碑。目前,学校设有两个校区,共占地80多亩,校舍建筑面积42000平方米。现有学生2400多名,教师155名。教师队伍中,本科以上学历占93%,平均年龄33岁。按市委、市政府要求,两校区设施设备按一流标准配置,领导班子、教师全部通过公开招聘引进,实行统一管理,统一调配教育教学资源,实现资源共享、集团化发展。

以时间为顺序,崇左市A学院附属小学在教育国际化背景下的基础教育共同体建设中的表现如下。

2016年11月15日,崇左市A学院附属小学的40名学生在老师的带领下,参加了由自治区新闻出版广电局举办的"八桂书香 阅读圆梦"八桂公益阅读助学行动。活动第一站是参观广西科技馆。孩子们在科技馆里的球幕影院体验了一番 4D 天象节目，看到了许多罕见的星空运动及天文现象，此外还有"机器人乐队""桩上飞步""球钟""3D 飞行模拟""走进神舟七号""月球弹跳模拟器"等。主办方还向孩子们赠送阅读体验卡，让大家到南宁图书市场自行选购喜爱的书籍。这些热爱阅读的孩子置身于书海中，拿起书本爱不释手，兴奋不已。最后，孩子们还到南宁市图书馆参观了青少年电子阅读室和阅览室，在良好的阅读氛围中感受静心阅读的乐趣。此次活动让孩子们感受到了科学世界的无穷魅力，激发其阅读热情。

2016 年 12 月 21 日，广西壮族自治区教育厅基教处领导至崇左市 A 学院附属小学开展视导工作，全面了解学校情况，并予以深度的指导。领导们向 H 校长询问了一系列校园文化体系的建构问题，同时对校园安全尤其是学生安全演练问题提出了具体的指导意见。领导们观摩了学校兰亭社团和木棉花少年合唱团的成果展示，兴趣盎然地参观了学校的科技展廊，对学校在青少年科技创新大赛方面取得的出色成绩以及学校展现的精神面貌给予赞扬，并对学校今后在整合体系和提升品位方面寄予殷切希望。

2017 年 3 月 14 日，广西戏剧院彩调剧团到崇左市 A 学院附属小学开展"戏曲进校园"活动，表演了精彩的彩调《探干妹》《双打店》、歌舞剧《刘三姐》选段《戏媒》、二胡演奏《山歌好比春江水》。在演出过程中，主持人还向同学们简单介绍了彩调剧的发源、行当、艺术手法等基础知识，彩调身段展示节目让学生认识了彩调"三件宝"——彩扇、彩帕、彩带。在表演过程中，演员们邀请学生们上台互动，充分调动起学生对彩调剧的兴趣，让学生"零距离"地接触彩调文化。此次活动整合了戏曲教育资源，充分发挥了戏曲艺术在传承文化中的作用，让孩子们有幸品尝了一顿丰盛的优秀传统文化大餐，不仅丰富了孩子们的校园生活，也让孩子们领略了戏曲的艺术魅力，了解并认同中华优秀传统文化精髓。

2017 年 3 月 23 日，由崇左市科协、崇左市气象局联合举办的"气象科普进校园"活动来到 A 学院附属小学，并在 A 学院附属小学，成立崇左市第一个校园气象站。崇左市气象局领导还给师生们讲解了气象知识。此次活动让 A 学院附属小学师生身临其境地在科学的世界里邀游，为全体师生开启了一扇科技的窗户，而孩子们通过这扇窗户看到了气象与生活的大千世界，对气象知识有了更浓厚的兴趣和探知欲。

2017年4月24日,崇左市A学院附属小学学生代表队至广西百色市第一小学参加广西中小学电脑机器人竞赛,这不仅让学生见识和体验了科技的力量,也领略并强化了团队协作的精神。

随着六年级学生们毕业脚步的临近,且即将进入中学开始新的人生旅途,为了让他们比较直观、全面地了解到中学阶段的生活与学习环境,体验成长的气息与氛围,进而以积极的心态迎接即将到来的中学生活,2017年5月9日,崇左市A学院附属小学全体六年级学生在老师的带领下参观了崇左市A学院附属中学,为小升初衔接上了生动的一课。同学们一踏进附属中学的校园便认真观察每个角落,努力寻找中学校园与自己校园的不同之处。为满足同学们的好奇心与憧憬,附中老师还带领同学们参观并详细介绍了学校的教学楼、阅览室、科技楼、实验楼、体育馆、食堂、宿舍等校园建筑物。附中的领导给同学们提出了小学生进入初中的各种学习准备、心理准备,学生们对成为一名中学生的愿望更强烈了。通过这些参观与交流活动,同学们在亲身观察、近距离聆听、切身感受与体验的基础上较为全面地了解了中学阶段与小学阶段学习与生活的极大不同,具有无限魅力的中学校园生活激发了同学们的殷切期待与美好向往,为他们即将顺利进入中学的学习与生活奠定了心理基础。

为了进一步加强学校与家长之间的沟通、交流,构建家长、学校、社会的有机整体,确保六年级毕业生在学习过程中能够端正态度、稳定思想、明确目标,以及推动义务教育的均衡发展,2017年9月14日,崇左市A学院附属小学组织召开了全体六年级家长会。此次家长会上,校领导围绕"大时代背景下的基础教育行动"这一主题,就"如何加强家校有效沟通、理性看待社会上的各种教育现象、如何营造健康的网络环境、警惕孩子逆反心理"等问题与家长们做了交流;通过播放学校办学成果纪录片,让家长们进一步了解学校的发展沿革、办校特色、办学成果;为引领家长认同学校的办学方向,校领导还讲述当前教育发展的形势,包括当前高考改革最新动态、高考各科命题方向、高中学业水平考试新方案、高考撬动下的小学教育变革等问题,让家长对学校、对教育有了更全面的了解,认为在小学阶段全方面培养孩子的核心素养与应试教育并不矛盾,其中小学阶段应该进行大量阅读积累,通过参加各种实践活动锻炼自己,提升能力,只有夯实基础,才能厚积薄发;校领导就"当下,我们怎么办小学教育"这一问题与家长展开了交流,大家对"检测手段,评价内容,评价方式"等方面提出了有参考价值的建议。这次家长会使学校与家长之间距离的进一步拉近,让家长相对全面地了解到学校毕业班近期的工作情况,更好地形成了今后毕业班工作有效开展的家校合力,对学生的发展、学校的发展以及家长的发展都是一件好事。家长们对学校的教育教学工作给予了充分的肯定,大家纷纷表示,将全力支持学校各项工作,共创孩子的美好未来。

2017年9月20日,崇左市公安局到崇左市A学院附属小学联合开展"网络安全知识进校园"活动,让学生们了解安全上网、健康上网和文明上网相关知识。首先,市公安局两名网络安全专家向学生宣传网络安全知识,并现场为学生答疑解惑。随后,各班主任组织学生自由参观网络安全宣传展板,并对网络安全知识进行了介绍。在宣传活动中,学生们兴趣浓郁,热情高涨,积极提问,主动学习网络安全知识,切身体会到身边的网络安全风险,进一步提高了防护意识和技能。这次活动不仅让网络安全知识在学生中得到了传播,网络安全意识在校园中得到了增强,而且还营造了"安全上网,文明上网从我做起"的良好氛围。

2017年9月25日,广西科协第三督查组莅临崇左市A学院附属小学参观并指导校园的科普工作。督查组参观了学校的地理园、校园气象站、植物知识画廊、民族文化长廊、科技体验馆。在校园气象站,由科技教师刘良金带领的小小气象员代表向督查组分别介绍了学校气象站设备使用情况,并且现场演示测量与收集包括气温、空气湿度、降水量、风向和风速等有关的天气数据。督查组赞扬了崇左市A学院附属小学小小气象员的科学素养,鼓励他们好好学习科学知识,发扬科学探究和发明创新的科学精神,探索科学世界的奥秘。督查组欣赏了陈列在科技体验馆内的教师科技作品和学生参赛获奖的优秀作品。其中,有一个学生的作品"趣味空气炮"曾经获得第31届广西青少年科技创新大赛"创新成果一等奖"并获得了专利授权证书。博雅机器人社团学生组成的"博雅战队"则展示操作了VEX-IQ机器人,详细地讲解了机器人的制作过程与操作方法。督查组对崇左市A学院附属小学的校园科普工作给予了高度赞扬并提出了宝贵的建议。

2017年11月14日,由崇左市文明委主办、市直机关工委和崇左市A学院附属小学共同承办的以"传承孝道文化,弘扬中华传统"为主题的2017年崇左市道德讲堂第17期在A学院附属小学开讲,参加活动的一百多位市直各文明单位干部职工代表进行了一场触动灵魂的对话,一起沐浴道德阳光,感悟道德力量。

本次道德讲堂围绕"传承孝道文化,弘扬中华传统"展开,由唱歌曲、学模范、讲故事、省吾心、诵经典、谈感悟、发善心、送吉祥八个环节组成,大力营造"行孝之举,践于当下"的浓厚道德氛围。本次道德讲堂也唤醒了已经沉睡的孝道文化,让全体师生在脑海中铭刻传统孝道的概念,促使孝道文化的传承责任深入人心,并让传统孝道的传承成为一道亮丽的风景线,中华优秀传统文化的正能量广为传递,形成风清气正的良好社会风气。

为更好地传承中华优秀传统文化,同时更好地促进师生认识、理解与传承书法艺术,激发师生书法学习与训练的浓厚兴趣以及强化学校的书法文化气息,2017年11月22日,四位书法书画名家走进崇左市首家"书法实验学校"A学院附属小学,开展"书画名家进校园"活动。书法书画名家们向在场的老师、同学们介绍了中国书法之美以及书写汉字的科学、规范方法,强调了以汉字为载体的中国书法,不仅是中华民族的文化瑰宝也是人类文明的宝贵财富,呼吁大家写好中国字,做好中国人。四位书法书画名家现场点评和指导了由A学院附属小学老师及学生们书写的书法作品,并对学校长期开展书法教育给予了高度的评价。随后,四位书法书画名家现场挥毫泼墨,为教师和同学们献上墨宝,精妙的笔墨浸润着师生的心灵,给孩子们播撒下了美好高雅的艺术种子。书法书画名家们与老师和孩子们面对面交流,让在场的师生目睹了书画名家的精湛技艺,感受了书画艺术的魅力。A学院附属小学领导表示,学校一直以来对书法绘画等中国传统教育教学十分重视,通过书画名家入校指导,在中国文化的传承与发展中提升学生素养,促进学生发展,以此加深学生对中国汉字和传统文化的理解。学校领导强调,加强中小学生书法艺术知识的普及、写字教学活动的开展和书写技能的提升,无论对于学生文化艺术素养的提高、民族精神的弘扬还是中华优秀传统文化的传承,都具有极其重要的价值、意义与作用。为此,学校领导希望今后能搭建起更多有利于书法家、学生、教师共同参与的书法艺术平台,积极开展"书法名家进校园"教育教学活动,进一步推动学校书法教育的内涵式发展,在不断提升学生书写汉字技艺的基础上推动学校的校园文化生活更丰富,教学质量更上一层楼,让"兰亭书法学校"的艺术精神得到更好的弘扬。

为促进学生对科学的进一步认识与了解,激发学生对科学的兴趣与热爱,并培养学生的研究精神、创新精神,提高学生的实践能力,丰富学生的校园文化生活,深化学校的科技教育。2018年3月9日,崇左市科协联合A学院物理与电子工程学院在 A 学院附属小学开展了一场主题为"科技筑梦 创新成长"的科技机器人展演活动。活动分别展示了不同类型的机器人丰富多彩的表演,如阿尔法机器人跳舞、VEX 发射火箭、机器人弹吉他、机器人解魔方等。其中阿尔法机器人集体表演的精彩舞蹈是此次展览中最受欢迎的项目,机器人不仅动作整齐划一,而且还可以很完美地完成一些高难度动作,赢得了现场师生的阵阵喝彩。每个展区现场都有专业的老师向师生们介绍机器人的基本功能、工作原理、机械构成、语音交互技术等,让孩子们在快乐的体验中了解和学习到最先进的机器人技术发展成果。这次联合活动为 A 学院附属小学生提供了展现自我才华的空间与平台,达成了学生对科学进一步的认识与了解,学生对科学探究的兴趣倍增,对科学的热爱高涨,其研究精神、创新精神、实践能力有了进一步的提升,自身科学素质获得了新发展,学生的校园文化生活也得到了拓展与丰富,学校的科技教育更上了一个台阶。

为了实现教育资源互补,增进校际教师的相互学习,丰富教研活动的形式,促进校际教研活动的有效开展,将校本教研落到实处,增加姊妹学校之间的友谊,2018 年 5 月 17 日,崇左市 A 学院附属小学与天等县民族小学举行了一场校际交流学习活动。本次活动分为语数研讨课、《教师的三重境界与人生规划》讲座、班级管理讲座《小、友、爱》、阅读讲座《把孩子引入阅读的殿堂》四个环节进行。该交流会实现了两校教师教育思想的碰撞,启迪了两校教师的教学灵魂,也让学生们开阔了眼界,增长了见识。

为进一步促进越南谅山和中国广西两省青少年传统友谊,庆祝中越建交 68 周年,增进中越两国青少年的相互了解和情感,共青团广西区委应越南胡志明共青团谅山省委员会的邀请,2018 年 5 月 14 日至 15 日赴越南谅山省开展越南谅山与中国广西边境少年"友好红领巾"交流活动,活动地点位于越南谅山省谅山市,活动参与人员共 70 人。其中团长 1 名,由共青团崇左市委领导担任;副团长 2 名,由南宁市埌东小学校长兼广西少先队总辅导员和崇左市 A 学院附属小学校长共同担任。此次活动,加强了越南与广西小学在教育国际化方面的交流与合作,为教育国际化背景下的基础教育共同体建设注入新活力。

2020 年 7 月 9 日,崇左市 A 学院附属小学一行 10 人到江州区罗白实验学校开展对口支教交流活动。崇左市 A 学院附属小学四位教师分别为罗白实验学校师生展示了生动有趣的语文、数学、英语、体育课堂,教学中遵循"以学生为主体,以教师为主导,以思维为主线"的原则,体现了素质教育的教学思想,营造了和谐、互动、探究、创新的良好学习氛围。此次活动不仅给两校教师搭建了促进教师专业化成长的交流与学习平台,同时也拉近了两校的距离,增进了彼此的友谊,为今后的进一步发展奠定了良好的基础,相信今后的合作互助会越来越宽广。

2020年11月22日至27日,南宁师范大学教育科学学院"名班主任培养项目"之柳州市柳江区"悦爱"班主任工作坊、河池市金城江区"同路人"班主任工作坊一行20余名骨干班主任到访崇左市A学院附属小学。崇左市A学院附属小学领导给到访的项目组成员做了《以博爱养雅行,让每个人都成为最好的自己——博睿视野下的德育课程探索》专题讲座,将学校的"名片"——"一所图书馆式的学校"进行了全面的介绍;学校领导做了《优秀教师的成长之路》专题讲座,从"热爱、研究、反思、互助、引领"五方面结合自己的成长经历引领教师如何提升自身专业水平;心理健康教育课专任教师做了《青春花季 健康前行》青春期心理健康专题讲座;校长做了《例谈细节修炼决定专业上限》的专题讲座,从"追寻理想的教育,享受教育的理想""文化自觉与个人成长""教师修炼与教师的专业发展"三方面分享了自己的感悟,介绍了以"德"立人、以"智"慧人、以"体"育人、以"美"化人、以"劳"成人"五育"并举的宝贵教育管理经验。项目组成员在一周的跟班学习中积极参与交流讨论,均学有所思、学有所获,并表示将在今后运用到自己的实际工作中去。参与此次交流的领导、老师们一致表示,未来的教育路上将一路携手同行并期待一路繁花盛开。

2020年12月4日,广西行动学习研究会领导至崇左市A学院附属小学对"立德树人视角下的青年教师专业成长与角色定位"的行动学习项目进行培训与指导。研究会领导介绍了行动学习的理论、生成过程和理念以及行动学习的具体操作步骤和掌握科学工作的方法,并对"立德树人视角下的青年教师专业成长与角色定位"安排进行了分组研讨。学员们群策群力,积极发言,交流分享成果。最后,研究会领导鼓励老师们在今后的教学工作中积极运用所学的知识,做到理性思考、团队协作、卓越行动,更期待每位教师早日成为骨干教师中的骨干。

2020年12月6日,崇左市A学院附属小学部分教师赴广西师大附属小学(卓然小学)开展为期4天的跟岗研学活动。参与研学活动的崇左市A学院附属小学在观摩广西师大附属小学展示的语文、数学、英语、音乐、美术的课堂教学后进行了交流,大家敞开自我,各抒己见,探索教学中的困惑,寻找有效提升教学能力的途径。崇左市 A 学院附属小学的教师表示,他们将带着收获,带着感悟,带着满腔热情,把学到的知识、理论、方法,运用到今后的教育工作中去。

2020 年 12 月 8 日,天等县恒丰学区 100 多名班主任至崇左市 A 学院附属小学开展为期 1 天的班主任学习交流活动。此次活动旨在加强班主任队伍建设,充分发挥崇左市 A 学院附属小学优秀班主任在工作中的模范带头作用,及时总结和推广班主任工作的成功经验,切实提升崇左市 A 学院附属小学和天等县恒丰学区班主任的专业素养和管理水平,促进班主任在交流中启迪智慧,为今后的工作提供有效的实践经验与方法的指导。内容丰富的活动有效促进了两校的深度交流与学习,对于共同探讨办学经验、促进校际协同发展起到了积极的推动作用。

2021 年 4 月 7 日,广西玉林市博白县教育局一行 9 人到崇左市 A 学院附属小学学习考察。崇左市 A 学院附属小学领导对前来学习考察的博白县教育局一行介绍学校自办学 10 年来所取得的成绩,并就如何构建"一所图书馆式学校"问题与 H 校长进行了深入交流。崇左市 A 学院附属小学相关负责人分别介绍了学校在教育教学、课题研究、德育教育、课程开发等方面的经验。博白县教育局领导对崇左市 A 学院附属小学所取得的成绩大为赞赏。此次交流活动进一步提升了崇左市 A 学院附属小学的影响力,力争通过交流平台由区域内逐渐扩大到区域外进行,目的是拉近距离,增进友谊,促进共同进步,进一步开创"你美我美,美美与共"的新局面。

2021 年 9 月 16 日,崇左市 A 学院附属小学召开家校协作研讨会,共同探讨"双减"政策落地问题。研讨会主要围绕解读"双减"政策、落实"五项管理"、探索"5+2"课后服务模式以及"双减"后家长如何与学校合作积极应对的内容展开,目的在于帮助家长们解决在"双减"政策下的一系列困惑,联合家校一起积极思考如何将"双减"做到落地、落实、落细。此次活动促进了家长们对"双减"政策的全新认识,同时在如何尊重孩子的身心成长规律、理性规划孩子的未来发展方面明晰了方向。崇左市 A 学院附属小学表示将不断优化家校协同教育模式,进一步完善家校协同育人机制,增强家校共同落实"双减"的定力和信心。

2021 年 11 月 10 日,广西壮族自治区教育厅领导莅临崇左市 A 学院附属小学指导工作。教育厅领导在详细了解崇左市 A 学院附属小学建设和办学情况后强调,近年来崇左市委市政府高度重视教育工作,出台了一系列扶持教育高质量发展的倾斜政策,有力地推动了崇左教育事业向更高质量发展。崇左市A学院附属小学要抓住发展契机,重点抓好中央教育重大决策部署和自治区教育年度重点工作的贯彻落实,紧紧围绕教育高质量发展这个总目标,着力破解党中央关心、群众关切、社会关注的教育热点难题问题,办好人民满意的教育。教育厅领导的指示推动了崇左市A学院附属小学继续同心同德、不忘初心、砥砺前行的决心,努力为孩子的终身发展、办好人民满意的教育做出新成绩。

2022年5月10日,崇左市A学院附属小学举行了主题为"家校云相聚,同心向未来"的线上家长会,以此实现进一步促进家校之间的联系,搭建沟通的平台、充分展示我校教育教学成果,让每一位家长能更进一步了解学生在校表现情况和真正实现家校携手,共同培养孩子的目标。各班班主任及各任课教师向家长们介绍了半学期以来班级的整体情况并提出班级管理和学科学习的指导意见,为家长们进一步了解今后孩子的学习指明了方向。与会的家长们也提出了他们的建议。此次家长会拉近了家校的距离,让家长们对孩子的发展有了更新的认识,表达了对学校教育教学工作的大力支持。

2022年6月9日至10日,广西教育学院教研部、广西新派作文课题组专家、广西新派作文教坛名师等一行至崇左市A学院附属小学开展新派作文项目进校培训会,以此进一步深化教学改革,深入了解新派作文的核心理论及系统内容,提高教师的语文教学能力,发展学生的语文核心素养并促进学校语文教学质量的整体提升和学校办学质量的内涵发展。新派作文的专家们分别对思维发散图的三层级、作文是有感而发、新派作文在新课程背景下的运用等方面给予深入浅出的讲解,诠释了新派作文独特高效的理念和教学方法,并给崇左市A学院附属小学展示了新派作文三节优秀习作课例。此次培训活动让崇左市A学院附属小学的语文老师感受到了新派作文教学的实效性和易操作性,丰富了教师的作文教学策略,同时也为崇左市A学院附属小学的作文教学带来了新理念、新方法,促进了学校教研活动的深入推进,为提高教师的习作课堂驾驭能力,激发学生的习作兴趣都起到了重要的推动作用。

2022年7月20日,海南省东方市共60多名教育培训中心领导、校长到崇左市A学院附属小学参观学习,旨在凭借相互学习、相互交流、相互促进的平台推动两地小学教育高水平、高质量地发展。领导、校长们先后参观了崇左市A学院附属小学的办学成果展厅、阅读体验区、红色书吧、荣耀中国长廊和党史长廊，深入感受附小教育集团"博睿教育"的品牌文化内涵，对崇左市 A 学院附属小学的课程建设、师资队伍建设、教育集团化发展模式探索、教学成果等方面的做法和成效给予了高度的肯定和赞扬，并与崇左市 A 学院附属小学就某些问题进行了探讨与交流，期盼今后的深度合作。此次活动不仅体现了崇左市 A 学院附属小学教育的快速发展，同时也激励着崇左市 A 学院附属小学理应秉承"科研赋能"的内核发展理念，在积极学习他人成功经验的基础上深入推进学校教育科研发展，落实对学生核心素养的培养，力争为祖国南疆国门基础教育开新篇、立标杆。

2022 年 9 月 9 日，广西壮族自治区教育厅领导莅临崇左市 A 学院附属小学检查工作，对学校推进清廉学校建设、法治宣传教育工作开展情况、"双减"工作落实情况、秋季开学准备工作等九个方面进行认真细致的检查，在肯定崇左市 A 学院附属小学工作成效后提出了宝贵的意见：要重视学校教科研工作，努力构建德智体美劳全面培养的教育体系，促进学校和谐发展。崇左市 A 学院附属小学表示，将不负省教育厅领导的厚望，全面、扎实、有成效地做好各项工作，大力推进崇左市 A 学院附属小学的大发展。

2022 年 9 月 23 日，崇左市政协教科卫体委组织政协委员至崇左市 A 学院附属小学开展"健康崇左委员在行动"活动，以此活动达成传播健康理念与知识，倡导有益健康行为与生活方式，切实增强师生健康意识的弘扬健康文化的目的。崇左市政协黄副秘书长在活动中首先强调，此次"健康行动进校园"活动旨在提升学生对养成良好卫生健康习惯重要性的认识，并对同学们的健康成长提出了殷切的希望。市政协常委、市疾控预防控制中心慢病科负责人宣讲了减油、减盐、减糖和健康口腔、健康体重、健康骨骼的"三减三健"，让同学们明白了注重身体健康的重要性并掌握了一定的身体健康护理知识。市政协委员、崇左市中医壮医院壮医科负责人认真回答了师生们对健康问题的咨询，并对他们的现有症状进行了初步诊断，要求大家注意饮食、运动、劳逸结合且养成健康的生活习惯。博雅口腔医院的医生们现场耐心地检查了同学们的口腔，针对不同情况给予指导性的建议。市政协教科卫体委组织政协委员的这次活动得到了教职工会员的高度赞扬和一致好评，也为崇左市 A 学院附属小学的全面健康发展助了一臂之力。

2022年11月23日至28日,由广西壮族自治区统筹(第二批)、来自区内各市县综合实践课程的50名骨干教师集聚崇左市A学院附属小学,开展为期6天的基于生活又为了生活的小学综合实践骨干教师培训(跟岗实践)。活动期间,崇左市A学院附属小学领导以丰富翔实的文字、风趣生动的语言以及精彩的视频案例分享了《小学综合实践活动社区资源利用和校园文化建设》专题讲座,让大家在综合实践课程开设重要意义及其学科性质认识的增强、观念的更新和理论认知水平的提升等方面有了较大的收获。A学院附属小学某老师展示了有关科学技术发展的综合实践课《纳米技术给人类带来的变化》,从提出问题和解决问题的切入方式,激发学生的探究欲与想象力以及训练学生的思维能力、动手实践能力、语言表达能力等方面诠释了什么才是优质的综合实践课。综合实践活动学科骨干蓝老师的《植物的叶》、李老师的《走进家乡》以及其他老师的《寻找生活中的标志》《关注身边的垃圾》同样也异常精彩且凸显特色。研讨与交流环节则在智慧的碰撞中凝练了综合实践课更具探索的构思、内容、环节与展示方式方法等。"纸上得来终觉浅,绝知此事要躬行。"此次跟岗培训实践活动为教师们提供了展示、互学互鉴的机会,也是教师们不断成长的平台,在综合实践课的"教师共同体"建设与发展中具有不可低估的重要价值与作用。

二、百色市右江区B小学

百色市B小学始建于1960年,几易校名,于2004年10月才命名为"百色市B小学"。多年来学校着力于打造"本真"特色校园文化,提倡勇于创新、勇于争先的现代精神,办"规范有特色"学校,走"科研兴校"之路,不断提高办学水平。近年来,学校先后荣获"全国'和谐校园'先进学校""自治区文明单位""广西'绿色学校'""广西小学德育先进单位""百色市文明单位""广西小学心理健康教育优秀学校""广西校本教研先进单位""广西家庭教育先进集体"和"百色市小学心理健康教育示范性实验学校",百色市第一届"文明校园"。目前,百色市右江区B小学以培养学生创新精神为切入点,以提高教育质量和办学水平为核心,与时俱进,扎实推进素质教育。全校师生员工正以"团结拼搏、开拓进取、永不满足"的热情,朝着"创特色学校、创示范学校、创窗口学校、创名牌学校"的目标而努力奋斗,学校也以优雅的育人环境、现代化的教学设备、高素质的师资队伍、一流的教育教学质量享誉百色。在教育国际化背景下基础教育共同体的构建过程中,百色市右江区 B 小学也付出了诸多努力。

(一)上级的关怀与指导

为进一步规范义务教育办学行为,全面落实广西壮族自治区义务教育课程计划,2017 年 9 月 29 日,梧州市教育科学研究所专题调研组一行 5 人在右江区教育局领导的陪同下到百色市 B 小学对义务教育课程实施情况进行专题调研。调研组采取实地查看、听汇报、查资料、访谈与座谈、问卷调查等形式认真审核了百色市 B 小学执行课程计划的专项调研汇报材料,询问了学校课程计划的执行情况,并对学校的总课程表、专任教师课程表、班级课程表和作息时间表等进行详细调查了解,同时还实地察看了学校设备设施配备以及管理和使用情况。汇报会上,专题调研组组长介绍了此次专题调研的目的意义、调研形式和内容。他高度评价了百色市 B 小学在实施课程计划工作中取得的成绩,认为右江区教育局高度重视专题调研工作,开展自查整改到位。学校管理行为规范,课程设置能严格执行国家课程计划,适应了课改的需要。学校设置的地方课程和校本课程开发认识到位,措施有力。专题调研组组长还对学校实施课程计划工作提出了指导性意见。要求学校要进一步提高认识,规范课程设置,加大督查力度,保证课程落实,进一步发挥学校设备设施的使用效率和作用。右江区教育局领导表示,将认真落实好调研组的意见和建议,进一步强化管理,使右江区义务教育学校执行国家课程计划保持常态化并落到实处。百色市 B 小学领导也向检查组汇报了执行课程计划的做法和存在的问题。调研组对 B 小学坚持依法治教,不断规范办学行为,认真执行国家课程计划,开齐开足课程,开设有特色的地方课程和校本课程,全面落实学生培养目标要求和做法给予了充分肯定。

2017 年 11 月 10 日,百色市 B 小学迎来右江区教育局义务教育学校办学基本达标评估督导小组四位成员,评估督导小组的工作主要是对学校的校园校舍建设、仪器图书装备、教师队伍建设这三大重要指标的佐证材料进行检查、核实。在校领导的陪同下,评估督导小组成员分别对校园校舍建设、仪器图书装备、教师队伍建设三大重要板块的佐证材料进行检查。在检查过程中,评估督导小组的成员仔细地核对了学校体育运动场地面积、图书配备数量、科学室仪器功能、教师岗位编制设置等重要评估细节。检查完成后,由评估督导小组、学校中层以上领导干部及抽选的 9 名教师参与的义务教育学校办学基本达标评估督导工作汇报座谈会在校史室进行。校领导对学校义务教育办学基本达标工作进行自评汇报,展示了学校近几年在办学工作、校园文化主题活动上取得的出色成绩,同时指出学校现在所面临的工作难点:学校体育场面积不够,功能室建设不完整,校舍生均面积不足等。评估小组成员分别对学校义务教育学校办学基本达标工作板块检查的结果进行汇报。评估督导小组组长表示,B 小学已基本达到义务教育学校办学的达标标准,但是还有功能室建设、体育运动场地面积、专任教师配备偏低等问题需要学校加强重视,对以上出现的问题进行及时整改、解决,以达到义务教育学校办学基本达标的标准。B 小学校领导将本次评估检查工作的成果及不足向全校教师进行汇报,并同时表示各功能室管理员工作职责要明确,负责相应项目的领导、教师要加强本职工作,加深自我学习,以更好地进行下一步的迎检工作,并通过再次学习百色市 B 小学义务教育办学基本达标"一校一案"来让全体教职工更好地领会义务教育学校办学基本达标工作的重心与精神。

2018 年 1 月 17 日,自治区绩效考评组在百色市委宣传部领导、右江区委宣传部领导的陪同下到百色市 B 小学开展"戏曲进校园"工作现场核验迎检。本次核验迎检主要查看开展"戏曲进校园"活动情况。百色市 B 小学校领导陪同绩效考评组实地查看学校相关资料、参观梨园文化长廊、观看学生大课间戏曲操。随后,校领导向绩效考评组做了详细的汇报。自治区绩效考评组对百色市 B 小学的各项工作给予高度评价,特别是孩子们在大课间活动中表演扇子操,将音乐、礼仪、国学等内容与舞蹈、体操相结合,让学生既锻炼了身体,又受到思想教育和文化艺术陶冶。

2018 年 7 月 2 日,广西教育厅师范教育处领导带领"中小学教师信息技术应用能力提升工程"专项调研组一行 5 人在右江区教育局电教处负责人的陪同下到百色市 B 小学考察调研中小学教师教育技术能力建设计划实施情况。座谈会上,专项调研组组长详细介绍了教育部关于"全国中小学教师信息技术应用能力提升工程"的实施背景、总体目标和主要任务,B 小学校领导介绍了本校教师教育技术能力建设计划实施情况,汇报了学校教师教育技术能力培训工作的主要做法和存在的问题。到会的一线教师代表认真地回答了调研组提出的有关问题,并提出了相关建议。随后,调研组一行实地考察了学校的信息化建设情况,对开展的教育技术能力培训工作表示肯定,对今后更好地在实施"中小学教师信息技术应用能力提升工程"中发挥作用提出了希望和建议。

2019 年 2 月 24 日,百色市右江区教育局勤工办负责人和物价局检查组领导率队莅临百色市 B 小学检查开学工作。领导们实地察看了百色市 B 小学的开学各项常规工作和师德师风整顿开展情况,并强调师德师风整顿是事关教育教学品质提升、办好人民群众满意的教育的大事,要求持之以恒、久久为功地开展;要科学谋划统筹安排、精心实施,还要通过建章立制和开展培训等各种类举措以确保整顿见实效。最后,领导提出要求:一定要以新学期开学为契机,迅速抓好师生收心工作并全面开展安全隐患排查,深入推进校园内部管理体制改革,高度重视校园管理以及安全、师德师风问题并要继续开展校园周边治安管理,营造稳定的秩序,进一步抓好教育教学质量提升工作,强管理树品牌,办好人民满意的教育。

2019 年 5 月 8 日,共青团中央少年部辅导员干部、共青团广西区委少年部领导、共青团百色市委负责人和共青团百色市委学校领导一行 4 人莅临百色市 B 小学进行调研少先队工作。B 小学领导带领调研组成员在参观校园并介绍了百色市 B 小学关于少先队工作的相关工作情况。团中央少年部代表围绕三个时代性话题——"全童入队现实下少先队员的光荣感如何树立""德育教育格局中少先队组织的独特功能如何体现""新的社会条件下少先队的工作方式如何改进",与学校的行政领导、中队辅导员以及 5 名少先队员进行广泛而深入的座谈和交流。调研团成员记录了少先队员和中队辅导员的工作情况汇报及建议,并交流询问、收取汇报材料。团中央调研组领导听取了百色市 B 小学少先队总辅导员等 12 名中队辅导员关于少先队的工作汇报,并了解来自基层的团(队)干部工作的具体情况和存在的困惑。在气氛融洽的调研座谈会上,大家广开言路,畅所欲言。总辅导员建议在进一步优化学校少先队工作、以少先队活动为载体引导少年儿童健康成长的同时,应加强对学校中队辅导员的团队建设,增加中队辅导员的培训机会,包括加强学校相关领导的培训。大家在各抒己见的同时,也学习到了团中央调研组在少先队工作中的很多真知灼见和指导性意见。经过本次团中央的指导,百色市 B 小学表示将更加重视少先队工作,强调培养学生的组织意识,结合学校建校的特点,建设好少先队工作,努力做好现代化学校建设。

2019 年 10 月 23 日,百色市西林县到右江区考察学习健康促进县创建工作的考察专家来到百色市 B 小学。学校后勤及安全工作负责人对学校的基本情况向专家组做了全面的介绍后,带领专家组参观学校的食堂、卫生室等区域。考察组专家现场检查了学校健康促校建设工作档案,对学校卫生设施建设、开展的各项健康教育活动以及校园文化建设给予了充分肯定并提出了一些宝贵意见,希望学校能够进一步挖掘元素,继续做好健康教育活动的丰富开展工作,让全体师生享受到积极向上的健康教育环境与氛围,确保身心健康质量不断提升。

天气炎热,青少年儿童溺水事故进入易发时期,为进一步筑牢孩子们的安全屏障,杜绝溺水事故发生,2020年5月7日,百色市人民政府领导及市教育局领导一行到百色市B小学视察学生防溺水工作责任落实情况。视察组查看了防溺水安全知识栏、健康教育宣传栏。校领导对学校防溺水知识宣传等进行了详细汇报,视察组了解学校防溺水安全教育工作情况。市政府领导提出中肯意见,要求防溺水宣传工作要因校制宜、落到实处,把防溺水安全警示语做得醒目才能起到警示作用。视察组多次叮嘱、强调,学校一定随时保持高度警惕,加大对学生防溺水安全的教育与宣传,严格做实做细各种防溺水安全举措,以此切实保障学生的生命安全。此次安全检查让学校更加重视安全问题,并将一如既往地开展好各项安全管理工作,继续依据"以人为本、安全第一、预防为主、常抓不懈"的安全管理理念,确保学校各项工作有条不紊地进行,确保校园安全零事故,杜绝溺水事故再发生。

2022年11月9日,百色市教育局基教科负责人、市文明办专家、百色市右江区教育局勤工办负责人一行5人至百色市右江区B小学检查指导文明校园创建工作。检查组全面细致地检查了学校的环境卫生、公益广告宣传、党建活动室建设以及校园周边等情况,对右江区B小学积极主动投入文明校园创建工作并取得的成效表示肯定,同时对督查过程中发现的难点问题提出具体整改意见和建议,为右江区B小学做好未来的文明校园创建指明了方向。

(二)有关部门的参与

2015年7月1日,为了增强师生抵御毒品的意识,切实推进禁毒教育,百色市右江区B小学邀请右江区向阳派出所H警官来学校开展禁毒法治教育专题讲座活动,五年级全体师生参加了此次活动。本次活动H警官就《珍爱生命,远离毒品》作禁毒专题讲座,理性的道理和大量的事实相结合,就毒品的种类、特征、危害对师生做了系统全面的讲解,让师生受到了深刻的教育,树立"以吸毒贩毒为耻,以拒绝毒品为荣"的荣辱观,提倡健康的生活方式,增强自我保护意识,认识到把学校建设成为无毒校园、和谐校园有着极其重要的意义。

为营造良好的消防安全环境,向全校师生普及消防安全知识,进一步强化消防安全意识,2017年2月28日,百色市右江区B小学联合百色市右江区消防中队开展"消防安全知识教育进校园"主题教育。消防救援人员从认识火灾的危害、如何预防火灾、如何灭火、如何逃生自救、如何报警等5个方面为该校师生上了一堂别开生面、生动有益的消防安全知识讲座。随后,还向全校师生讲解了灭火器的正确使用方法,并进行消防实战演练演示,师生代表亲自操作,零距离体验灭火,切实增强了师生扑救初起火灾的能力。本次活动使广大师生掌握了一些最为基本的消防常识及消防技能,同时使其在突发事件处置和自防自救的能力和水平方面得到大幅度提升,为"和谐校园、平安校园"的创建奠定了良好的基础。

为有效改善学校周边交通秩序,营造莘莘学子上学放学良好的道路交通环境,2020年5月30日,百色市右江区B小学开展2020年春季学期爱心"护学岗"启动仪式。B小学积极建立交警、学校老师和学生家长三位一体共建共管的爱心"护学岗",精心组织,因校制宜,切实完善学生上学下学交通安全管理体制,着力巩固和加强护学措施,坚持为莘莘学子筑牢安全防护墙。会上,B小学领导指出,校门口天桥的建设更是加剧了学校门口路段拥堵,因此营造孩子良好的上下学安全环境迫在眉睫,爱心"护学岗"应运而生。同时L校长强调爱心"护学岗"是以班级为单位,主要是引导家长们按学校落车点落车,制止上下学违反交通规则行为发生等。百色市公安局交警支队第一大队的W警官指出,家长护学岗工作的推行是百色市实验小学家校协同工作的又一个有力举措,是学校探索家校之间共同守护学生入校、离校安全的重要举措,逐步形成了以学生安全为重心,家庭、学校、社区"统一战线"构建的学生健康成长安全屏障,共同为孩子们的健康成长贡献一份力量并给家长志愿者们提出了宝贵的建议。交警三中队W的警官带领家长志愿者们到学校校门口实地现场指导,以案说法,对秩序乱点、违法行为高发点、交通拥堵多发点进行摸排和科学地研判,并针对性地提出整治措施,着力加强学生上下学安全护学措施,落实护学岗位职责。W警官呼吁爱心护学志愿者们提高自我保护意识。爱心护学志愿者在执勤时应穿戴反光背心、有明显标志且颜色鲜艳醒目的帽子、哨子等。本次家校警共建共管的爱心"护学岗"有效保障学生上下学安全,家校间形成了一股更为紧密的联合力,为优化学校周边环境、营造安全畅通的和谐校园奠定了坚实的基础,切实保障了学校环境的安全、文明、和谐、有序。

2021年1月7日,百色市右江区教育局督导组至百色市右江区 B 小学检查义务教育均衡发展迎接国家复检工作开展情况。督查组领导分别从学校安全防范、学校办学理念、办学思想、学校各功能室的迎检解说词、功能室简介、设备设施、台账资等进行了检查,要求为迎接国家复检做好每一个细节的准备工作,同时希望 B 小学保持高度重视,继续做好班级文化、校园文化等建设,确保顺利通过国家级复检评估认定检查。

2021年1月21日,百色市消防支队右江区消防大队指战员至百色市右江区 B 小学检查指导学校消防安全工作。消防大队指战员重点对学校消防安全责任制、消防设施、实验室、仪器室设置与管理、消防设施配置保养等情况进行仔细检查,对学校微型消防站配备的设施进行使用指导,同时也进一步普及消防设施相关知识。对于学校如何做好下一步消防安全工作,百色市消防支队右江区消防大队指战员还提出指导意见,如要树立责任意识、落实消防安全各项制度、建立相应的应急预案、加大消防安全教育力度等。通过此次检查,B 小学将加大管理力度,加强校园消防安全的人防、技防、物防举措,为校园师生营造更好的消防安全环境。

(三)校际合作与交流

2015年6月3日,百色市右江区 B 小学一行5人在右江区教育局领导的带领下,前往右江区永乐中心小学开展联合教研暨送教下乡活动。在永乐中心小学,经验丰富、基本功扎实的语文教师 J 老师和数学教师 Z 老师为永乐中心小学的学生分别展示了一节高效生动、充满课堂教学艺术的复习课《阅读理解》和《平面图形的周长与面积》。课后,永乐中心小学的同事表示复习课生动有趣,系统地复习了阅读理解这一部分知识点以及平面图形周长和面积如何求解的内容,让永乐中心小学的师生受益匪浅。最后,B 小学 H 校长做了简短的讲座《语文教学的"道"与"术"》,与教师们共同探讨教学理论知识;右江区教育局教研室负责人也就小学教学如何达到高效的问题与教师们探讨,并且积极评价了这项活动的重要意义和影响。

2016年2月29日,百色市右江区 B 小学与百色市第一小学的领导老师们在 B 小学多媒体教室开展数字化校园建设工作交流会。此次交流会主要是围绕学校 OA 系统的使用情况进行交流。百色高中的 S 老师对学校 OA 系统的使用进行了培训,B 小学领导和百色市第一小学领导分别介绍本校 OA 系统的使用情况,两校领导老师们在互动交流中切实学到了不少知识,基本了解了OA系统的强大功能,也掌握了它的一些使用方法。第一小学领导认为,要重视OA系统的建设和使用,OA系统的使用本身就是学校管理的创新,大家要用好这个平台,使用才有价值,还要经常更新,通过OA系统展示学校"大数据",希望两校互相学习,取长补短,共同进步。

为了学习和借鉴兄弟学校先进的教育教学经验,促进学校的发展。2017年5月15日,百色市右江区B小学中层和部分骨干教师一行共12人前往柳州公园路小学、来宾祥和小学参观学习,开始了4天的"取经"之路。16日至17日,分别参观了柳州市公园路小学的总部和东校区。在总部,校领导热情接待教师们并带领参观校园,还安排观摩语文大组教研。在东校区,教师们听取了校领导介绍学校文化,参与了各部门主管座谈会,观看了学生午后大课间活动,观摩数学大组活动教研和"桃李杯"无声授课。柳州市公园路小学的先进教育教学设施、漂亮的多功能室、富有内涵的校园文化以及既严谨又创新的教学理念,使教师们大开眼界。18日,教师们来到来宾祥和小学,该校领导带领参观校园、观看大课间活动和功能室。在座谈会上,L副校长和S主任分别对教研工作和德育进行详细地从学校的办学理念、办学特色、班主任管理考核、班级管理、学生管理和学生活动等方面介绍了他们成功的管理经验。本次参观与学习,柳州市公园路小学和来宾祥和小学的先进经验给百色市右江区B小学的领导和教师们很大的触动和启示。大家都认为,这次"取经"之路既增长了见识又开阔了视野。

为了促进义务教育均衡发展,提高教学质量,百色市右江区B小学于2017年11月21日举行右江区实验片区2017年秋季学期"鸿合杯"电子白板课观摩研讨活动开赛仪式。百色市教育局信息中心、电教站和右江区教育局领导以及来自右江区实验片区的领导、老师们参加了开赛仪式,开赛仪式结束后就进入激烈的比赛。本次比赛为期4天,由实验小学语文、数学和英语三个学科共推选出22位优秀教师选手参赛。来自教育局领导和片区学校领导的7位评委让比赛更加地公平公正。纵观22位选手的22节电子白板课,每位选手都能在教学过程中熟练地使用白板中的各项工具完成自己的教学活动,课堂生动、有趣、直观,学生轻松地在课堂中获取知识。数学教师选手们都在这次比赛中根据需要灵活选用工具,诸如利用智能笔、圆规、量角器等多种智能工具而不借助其他任何工具的情况下,能在电子白板中十分专业地画出各种几何图形,让听课的教师和参与学习的孩子们大开了眼界。通过本次比赛,教师进一步了解了电子白板的优点和用处,感受到了电子白板的方便与先进。今后将有更多的教师投入到电子白板的使用中,让电子白板这种新兴的多媒体教学设备更好地服务于教育教学。片区学校教师集中在一起观摩听课,也促进了片区学校间的交流学习,达到了各校义务教育均衡的发展,提高教学质量。

2017年12月21日,百色市右江区B小学体育组全体教师至河池市金城江区第五小学交流,围绕体育特色校本文化建设以及其他方面展开了教学研讨活动,通过参观、听课议课、座谈等方式互动交流,推进了两校民族传统体育项目体育课程的构建,增进了两校在革命老区特色办学的联谊发展,也促进了两地义务均衡发展。本次活动主要为百色市右江区B小学对金城江第五小学阳光体育大课间常规活动,以及由该校体育组自创自编的板鞋操进行观摩。金城江第五小学的同学们动作整齐、精神面貌良好,得到百色市右江区B小学体育组教师的赞赏。该校的五位体育教师分别展示了校园足球兴趣社团小组课和背篓绣球、陀螺旋转、板鞋、喇叭球等民族传统项目体育课,L老师现场讲解了陀螺旋转技巧,如此丰富精彩的体育活动让百色市右江区B小学的教师们跃跃欲试。教师们与金城江第五小学的孩子们一同体验,操场上笑声、赞叹声不断。座谈会上,金城江第五小学的校长助理就该校"校本民族体育课程的构建"的前提与背景、组织与论证、实施与评价、传承与创新等方面做了详细介绍。百色市右江区B小学领导表示,观摩金城江第五小学以及聆听了该校与台湾的校际交流情况后,加上几节民体课的亲眼目睹与认真学习,百色市右江区B小学的教师倍感金城江第五小学民族文化的魅力,其体育教学改革特别是体育特色校本课程的开设效果可谓独领风骚,值得百色市右江区B小学的大力学习与借鉴。此外,两校还就共同关心的校园特色体育创新发展等问题交换了想法,会谈气氛热烈融洽。最后,由金城江第五小学领导就加快学校民族特色体育教学各项工作的提升提出了宝贵意见。

2018年3月16日,百色市右江区B小学与百胜蓝天希望小学联动开展实验片区学校义教均衡材料整理工作交流研讨活动,共促义务教育均衡发展。来自百色市右江区教育局义务教育均衡发展评估督导组的领导对B小学义务教育均衡发展推进工作进行检查。在校领导的陪同下,督导组领导走访校园,对校园美化进度、班级文化建设、功能室建设、办公室整改情况进行检查。检查过程中,督导组领导肯定学校校园美化、班级文化、办公室整改工作的成果,并强调部分墙体、办公室仍需要进行深度整改。针对督导组提出的整改意见和建议,学校领导班子针对存在的问题集中研究整改方案并召开全体教职工工作布置会,要求全体教职工高度重视,在第二天下班前把各教室、各功能室、办公室整改完毕,学校领导检查合格才能下班。对这次市级复评迎检工作,实验片区的百色市右江区B小学和百胜蓝天希望小学两校领导高度重视。B小学校领导到百胜蓝天希望小学开展实验片区义教均衡材料整理工作交流研讨活动。学校领导先参观了百胜蓝天希望小学的校园及功能室建设,表示兄弟学校的校园美化、功能室建设方面值得本校学习。交流研讨会上,两校领导就如何改进义教均衡迎检材料整理工作进行讨论,共同交流义务教育均衡发展材料整理工作心得。学校领导表示百胜蓝天希望小学义教均衡迎检材料的整理方法值得学校借鉴,学校要积极联合片区兄弟学校,共同促进义务教育均衡发展工作,努力建设义务教育均衡发展基本办学条件达标学校。本次交流研讨活动加强了片区学校的联动性,促进了两校间教师的交流,做好携手迎接义务教育均衡发展攻坚市级复评的工作。

为充分发挥百色市右江区B小学作为实验学区龙头学校、城区优质学校的资源优势和辐射、示范、带动作用,帮助受援学校推进义务教育均衡发展各项迎检工作,加快项目建设,力争在国家评估验收前达到评估要求,B小学制定《百色市B小学义务教育均衡发展城乡学校结对帮扶工作实施方案》,明确领导小组和个人分工,并于2018年10月23日到四塘镇中心小学、四塘镇富联小学、四塘镇百兰小学开展"结对帮扶"工作。百色市右江区B小学学校领导班子成员及骨干教师到达各个中心小学并在学校领导的带领下参观校园、教室、功能室、档案资料情况,并针对以上情况进行讨论,确定整改工作。两校领导就档案资料建设、班级文化建设、功能室建设等方面进行交流、讨论,并开展各项帮扶工作。在参观各个中心学校时,学校领导根据各校的实际不同情况提出建议,希望能帮助学校加强校园文化建设,例如:建议富联小学在墙体上增加一些中华传统文化元素,丰富校园文化建设;百兰小学食堂中增加诱蝇灯,完善上墙材料等。参观结束后,学校领导将文具、书包等学习用品赠送给各学校的留守儿童,同时结束本次义务教育均衡发展城乡学校"结对帮扶"工作。

为了推动课堂教学改革,有效发挥支教教师们引领示范作用,促进右江区教育教学质量提升,促进基础教育均衡发展,2019年12月13日,深圳市支教教师送教活动在百色市右江区 B 小学开展。4 名深圳青年骨干教师分别献上小学语文、英语两堂示范课和小学数学、英语专题讲座。百色市实验小学全体教师、实验学区各学校的骨干教师等 200 余人参与观摩。来自深圳市罗湖区东晓小学的语文 H 老师将优秀课例《成语复习课》进行了现场展示。以往枯燥无味的复习课往往令教师头痛,令学生厌烦;而 H 老师的课堂既有低年级的生动活泼,又有高年级的成熟稳重,给大家带来了全新的视角。课堂上,她以潇洒而亲和的教态、深入浅出的讲解、机智灵活的引导,带领着孩子们完全进入了课文情境,学生们听得如醉如痴。整个课堂教学思路清晰,内容丰富,节奏自然流畅,重难点突出,师生互动热烈,让在场听课的老师们享受到了一场"高效课堂"的盛宴。帅气十足的 S 老师给大家带来的是三年级上册的《Unit5 Let's eat》。他教学技艺精湛,有着扎实的小学英语功底。特别是以各种提问的方式及小组交流方式引导学生主动说英语,激发他们的英语运用能力。S 老师以自己的喜好为线索贯穿整个教学过程,环环相扣,不仅限于书本,更多的是关注学生的日常生活,让学生整节课兴致盎然。X 老师做了题为《潜心研读文本,引发教学思考》的专题讲座。X 老师从关注数学课本的问题到关注四基,注重教基本思想。X 老师从小学数学计算教学常见的热点问题入手,如计算结果要不要化成带分数或整数,用不用短除法求最大公因数和最小公倍数,用什么方法解方程等,给大家做了精彩的解读,博得现场听众的阵阵掌声。S 老师还做了题为《小学英语学习习惯培养》的专题讲座。讲座中,S 老师介绍了良好英语学习习惯的培养在孩子成长道路上的重要作用。他还针对一些常见问题进行讲解,例如:在英语教学中,常规该怎么培养,如何快速调动学生的学习热情,选择什么游戏激发学生的兴趣,当孩子听不懂老师说的话该怎么办等。整个讲座过程中 S 老师耐心专业,教师们认真专注。在学习、交流、分享、探讨的过程中大家收获良多。参与现场观摩的老师说,这些大城市的名师专家的课堂与自己平时上的课截然不同,自己以往上课讲得比较沉闷,而这次示范课的教学生活气息浓厚,具有很强的亲和力,老师善于和学生拉近距离,也能有效调动学生的学习积极性,多途径、多方式引导学生去观察事物、发现知识和感受收获,学生自然地胆子渐渐大了,心灵与思维被激活了,举手也就积极了。老师们纷纷表示,通过这次活动的参与收获丰硕,还获得了先进的理念与教法的一次精神洗礼。通过此次送教活动,大家共同领略到了名师的课堂教学风采,聆听名师专家的精彩讲座,充分实现了教育资源共享、教育成果共享、教育理念共享。这次名师送教活动阵容强、质量高,给各个学校在教育教学上起到了引领、示范、辐射作用,促进了教师队伍的成长和发展。

为认真贯彻落实好教育局关于城乡帮扶的精神,切实建立起完善的结对帮扶工作长效机制,以此实现城乡教育资源的有效共享以及学区教师教学能力和学校管理水平的不断提升,百色市右江区B小学学校党总支、第一支部、第二支部支委、学校中层以上等同志于2019年12月25日到深百实验学校和迎龙二小开展"爱心手拉手 成长心连心"爱心帮扶活动。B小学的领导以及老师代表首先到坐落于深圳小镇的深百实验学校。深百实验学校领导带领B小学一行参观了校园并全面介绍了深百实验学校建校历程以及近一年来的教育教学开展情况。B小学校长肯定了深百实验学校教学与管理工作所取得的成绩,表示作为学区龙头学校的B小学定会一直密切关注深百实验学校的教学工作,并提供帮助与支持。随后,B小学的领导到达迎龙二小,在该校H校长的带领下举行爱心捐赠活动,为贫困学生20余人送来爱心棉被,送来鼓励。寒风凛冽,实小情意浓浓,相信迎龙二小的贫困儿童在B小学领导的倾情关怀下将不再忧郁与孤独,而是沐浴在爱的阳光下自信快乐地生活和学习并获得身心的健康成长。迎龙二小H校长与B小学L校长进一步谈话了解学校目前面临的挑战,也希望二小校领导以及教师团队齐心协力,克服眼前校园建设面临的困难,H校长还带领B小学领导深入了解校园面貌以及竣工情况,经过介绍,B小学领导从实际情况出发,给二小的校园文化建设提供意见,同时肯定迎龙二小的明天一定会更美好。活动在日落的伴随中接近尾声,寒冬虽寒冷,但爱心继续传递,实验小学的寒冬送暖会继续前行。本次活动进一步提高了帮扶工作的实效性,发挥百色市右江区B小学作为实验学区的示范、辐射、引领作用。百色市实验小学全体教师将齐心协力,做好学校帮扶工作,让帮扶学校的师生感受到党和政府的关心、关爱,感受到实小送去的温暖,让所有的学生接受到优质的教育,让每个学生沐浴在爱的阳光下,健康快乐地成长。

2020年9月11日,"2020年百色市义务段学校校长岗位任职资格培训班"一行人莅临百色市右江区B小学参观学习。B小学校长引领各位校长参观学校的校园环境,红领巾小小讲解员详细介绍学校的校史文化、常规管理等基本情况,教师展示了一节绘声绘色的《书戴嵩画牛》课堂,受到了到访校长们的好评。此次交流指导有力地增进了各校的合作与交流,在今后的工作中B小学将以"功成不必在我"的精神境界和"功成必定有我"的历史担当,保持耐心,发扬钉钉子精神,一张蓝图绘到底,结合自身实际情况,不断深入思考,全面落实教学提升,持续挖掘教学提升的空间,创新建立机制措施,提高办学质量,努力成为师生喜爱、家长支持、社会认可的一流学校。

2020年10月13日,百色市右江区B小学承办了本学区英语有效课堂教学评比活动,旨在加强教师队伍建设,提升教师专业水平,提高教育质量,推进学区有效课堂教学教研工作以及提升教师信息技术应用水平。此次活动规模大、人员齐,学区英语老师全程参与,选手们的课堂教学精彩无限,让大家都大开眼界,达到了认真借鉴、相互学习、共同进步的目的。

2020年10月29日,"中国好老师"省级专家组到百色市右江区B小学开展育人体系建构与全面育人专题公益讲学,"中国好老师"百色市23所基地学校以及片区9所学校的校长和老师共计130多人参与了这次讲学。百色市右江区教育局领导介绍了百色市好老师共同体建设以来的工作,并对百色好老师共同体今后的工作提出更高的要求和期望;B小学校长从建设"梨"主题的活力文化、建立"多元价值"的活力课程、如何塑造"四有好老师"的活力团队方面做了《活力教育,活力成长》的汇报发言;广西教育学院培训学院院长陈教授做了《认识学校——学校育人体系建构与全面育人》的专题讲座。相信在"中国好老师"公益行动的引领和专家团队的帮扶下,百色教育的办学质量定会提升,办出人民满意的高品质教育。

2020年12月11日,深圳市罗湖区名师工作室专家团队造访百色市右江区B小学,为学校的老师们送来了精彩的现场教学,营造了良好的教研氛围,让B小学足不出户就能领略到深圳名师工作室的风采。座谈会后,B小学的部分教师分小组合作进行了激烈的讨论,积极发表自己的观点。此次深圳名师送课活动让B小学的老师们获益匪浅,更深入地思考,不断丰富自身教学水平,也为日后更好地开展教学工作指明了方向,相信在大家的共同努力下百色市右江区B小学全体教师将有更进一步的发展,也期待后续更精彩的名师送课活动。

2021年3月24日,广西少先队名师工作室第五考核组到百色市右江区B小学为"千姿百色"少先队名师工作室指导工作。考核组参观校园后,"千姿百色"百色市少先队名师工作室主持人向检查组详细汇报工作和新学年工作计划。检查组肯定工作室一年来努力的工作成果,希望工作室继续发挥标杆带头作用,推进百色市少先队工作的开展。此次检查指导工作不仅仅是对 B 小学的一次检查，更是一份促进，为 B 小学以及百色市少先队工作带来强劲动力。

2021 年 11 月 8 日至 9 日，百色市右江区 B 小学举办 2021 年学区语文教师有效课堂教学展示评比活动，展示实验学区有效教学成果，加强教师队伍建设，提升教师专业水平，提高教育质量并进一步推进学区有效课堂教学的实施和促进教师信息技术应用能力提升。参赛教师们的精心准备、多样化的教学手段、精彩纷呈的教学设计赢得评委老师的好评。此次有效课堂教学展示评比活动为教师提供了展示和学习的平台，也是学区语文教师专业成长道路上的助推器，相信教师的课堂教学评比活动会带动更多的教师参与到语文学科课堂教学的创新与发展中来，为学区语文学科教育教学质量的提升注入更强劲的动力。

按照《广西壮族自治区人民政府关于印发广西边境地区教育提升工程实施方案的通知》要求，为加强边境地区教育内涵建设、提升边境地区教育教学质量，2022 年 5 月 23 日，百色市右江区 B 小学与那坡县百南乡中心学校首次开展对口帮扶对子线上帮扶、送课、送温暖等活动。两校搭建起的结对学校教学交流平台，不仅能促进两校的管理水平及教师专业化水平的不断提高，也能推进教育管理水平、师资队伍竞争力、教研能力、教育教学质量的持续进步。此次活动进一步拉近两校的距离，两校表示未来将以此为契机进一步开展联校结对帮扶活动，进而推动双方教育教学质量的新进步。

2022 年 6 月 9 日，百色市右江区 B 小学以及那坡百南乡中心小学、凌云县加尤镇中心小学的领导与部分教师聚集 B 小学开展国家课程数字资源暨"八桂教学通"教学课例展示及平台的应用培训活动。此次培训活动通过直播传达至那坡百南乡中心小学会场，不仅进一步提高了 B 小学与那坡百南乡中心小学结对帮扶工作的实效性及促进学校均衡、和谐发展，同时也为其他参与培训的领导、老师们搭建了一个很好的学习和交流的平台，营造了共同进步的良好氛围。

2022 年 9 月 26 日，百色市右江区 B 小学及该学区小学校长、分管人事副校长在 B 小学召开学区"区管校聘"工作推进会，学习基础教育改革的有关文件精神，深刻理解和准确把握"区管校聘"管理改革的重要意义，全面讨论区管校聘改革的意见和方案。各校校长汇报本校"区管校聘"工作开展情况后，B 小学校长向各位校长提出殷切希望，要求各校要认真严谨开展好"区管校聘"工作，做到公平、公开、公正、透明，做好教师的稳定工作，喜迎党的二十大的召开。

2022年11月10日至11日,百色市右江区B小学承办了右江区教育局主办的右江区中小学音乐教师"五项技能"比赛。比赛中,来自右江区中小学的21位参赛选手从音乐演讲、键盘、声乐、自弹自唱与合唱指挥以及器乐与舞蹈的"五项技能"中淋漓尽致地展示了自己的才华和才艺,呈现了一场视觉与听觉的盛宴。评委们对各个比赛项目进行细致点评,既肯定了参赛选手们的专业水平和综合素养,也为青年教师们的专业发展提出了宝贵的意见和建议。可以说,这次比赛是基础教育共同体建设中"教师共同体"构建的一次有成效的实践。

(四)家校、社区互动

2015年4月24日,百色市右江区B小学党支部全体党员在校长的带领下到百色市城东社区开展党员活动日义务清扫活动。在服务点,教师党员们对建筑垃圾堆放处,杂草丛生的地块进行清理,充分展示不怕苦、不怕累、不怕脏、勇挑重担的精神风貌。有的奋力铲除随意堆放的建筑垃圾,有的用扫帚清扫杂物,有的忙着把杂草清除,大家团结协作,积极投入,短短两个小时的时间,原来脏乱的卫生死角,瞬间就得到了彻底改善,卫生面貌焕然一新,为周边居民创造了一个清爽洁净的生活环境,赢得了过往居民的一致称赞。通过开展此次进社区清扫服务活动,党员教师们纷纷表示,坚决用实际行动扎实开展志愿服务活动,来推动党的群众路线教育实践活动的进一步深化,为百色的环境整治和清洁卫生奉献一份力量,也为迎接国家卫生城市迎检工作增添一份光彩。

为了让家长进一步了解社会主义核心价值观,让家校关系更加和谐,百色市右江区B小学于2015年5月13日至14日召开"价值观与我们的生活教育"的家长会(5月13日是一至三年级的家长会,14日是四至六年级的家长会)。会议的第一项由校长以"价值观与我们的生活教育"做主体宣讲。校长就社会主义核心价值观的内容进行详细的讲述,并结合本校的实际向家长提出生活教育。会议第二项由各班班主任主持。各班班主任、科任教师、受邀家长代表都提前做了精心的准备。班主任详细地介绍了班级情况和学生在校生活、学习情况;各科任老师也与家长们进行了交流与沟通;受邀家长向其他家长们分享自己的成功经验。此次家长会,融洽了学校教师与学生家长的关系,也缩短了家长与家长的距离,对孩子的发展起到了良好的促进作用。

2015年6月15日至19日,百色市右江区B小学开展为期5天的家访活动,要求各班级教师深入学生家庭,与家长和学生进行面对面、零距离交流,了解学生的家庭教育状况,进一步加强工作作风和师德师风建设。家访活动以班级为单位,深入到各班学生的家庭中去。家长们对老师的到来表现得格外热情,对学校的家访活动极力配合。通过近距离和家长坐在一起,聊聊孩子学习和生活上的事,问问学生在家的表现,畅谈学校的发展,倾听家长的建议,从而深入地了解和掌握学生的家庭情况、在家学习环境和表现情况,有效促进班级建设和管理,适当指导家长如何更有效地进行家庭教育,向家长们详细介绍了学校有关情况,仔细倾听并记录家长的建议,建言献策,共谋发展。此次家访活动,全校各班级教师共走访了2000多户学生家庭,活动收获颇丰,倾听了家长的心声,架起了家校沟通的桥梁,让家校的心贴得更紧。

2015年7月8日,百色市右江区B小学召开了新一届家长委员会会议。学校校级领导以及35位家长委员会成员参加了会议。首先由校长以及书记向家委会委员们颁发了聘书,随后校长宣读了家长委员会工作职责,强调了家长委员会的职责,明确了家长委员会要积极参与学校管理,为学校发展出谋划策,对学校全体教职工以及学校工作进行监督。接着,学校针对学校膳食管理工作向家长征求意见,家长委员会成员认真填写了征求意见表。最后校长向委员们汇报了学校的教育教学工作,重点介绍了学校今后工作的重点。最后,家长们畅所欲言,为学校提出了一些合理化建议,学校领导也虚心地接受了家长们的宝贵意见。这次家长委员会的召开,加强了学校家庭联系,使家校形成教育合力,有力地促进学校各项工作快速、和谐发展。

2017年11月17日,百色市右江区B小学领导利用教师例会时间,传达上级会议精神,并对群众安全感、满意度工作进行反馈。调查时段从8月10日开始至9月25日结束。调查包括安全感,社会治安状况,与去年相比治安问题及时的解决情况,矛盾纠纷查处情况,群众参与平安创建,对综合中心的满意度,群众对政法机关、政法队伍的执法工作的满意度等。领导强调,在今后的工作中大家还得继续努力,争取下次满意度更进一步提高。

为丰富社区文化生活,充分展现社区民众的精神风貌,推进和谐社区建设,2018年12月25日百城街道城东社区举办"百城街道城东社区党组织服务群众专项活动文艺晚会",百色市右江区B小学党支部党员代表参加本次活动,其选送的两支舞蹈《瑶山彩云飞》及《花木兰》在少先队员们精彩的演绎下,向社会各界展示了B小学少年儿童的精神风貌,现场得到连连喝彩。本次活动加强了城东社区党支部和 B 小学党支部之间的联系,增强了两个党支部之间的交流与合作。

2020 年 12 月 8 日,为使学校各项工作更加科学、规范、有序地进行以及促进家校沟通,增进家校了解,密切家校联系和争取得到更多家长对学校教育教学工作的支持,百色市右江区 B 小学邀请 54 个班级中的 54 名家长代表召开了家长会。B 小学校长指出,学校所取得的成绩离不开广大家长的理解和支持,今后学校发展规划的制定、学校的日常管理、重大的教学活动的组织、重要教育举措的落实等,都需要家长的积极参与。到会的家长们也献计献策,凝心聚力,一起创造 B 小学辉煌的明天。

2021 年 2 月 4 日,百色市右江区 B 小学领导班子走访慰问了学校的留守儿童、伤残儿童,为他们送去节日关爱和祝福。走访慰问中,领导们与孩子亲切交谈,仔细了解孩子们的生活情况和学习情况,关注他们的心理健康,特别叮嘱他们要注意用电、用水、饮食等方面的安全,告诉孩子们在生活和学习中遇到任何问题时应及时联系学校寻求帮助。此次走访慰问也加强了家校共育机制,让留守儿童、伤残儿童有了相对优质的成长土壤。

2022 年 11 月 11 日,百色市右江区 B 小学第二党支部党员教师和少先队员代表网格责任区金怡巷(附小巷)、门前三包责任区开展创自治区文明城市志愿服务活动。志愿者们通过清扫地面垃圾、清除墙上小广告、向居民宣传创建文明城市应知应会知识等途径,助力创建文明城市浓厚氛围营造的进一步增强和居民对创城工作的知晓率、支持率和参与率的提高以及百色市城市文明程度和公共文明建设水平的提升,在学校与社会的互动方面也有了进一步的提升。

(五)社会指导与捐资助学

2017 年 12 月 29 日,"公益情怀 播种希望"——校园 3D 打印创客教育实验室捐赠仪式在广西南宁市第二中学举行。在捐赠仪式上,中关村智能科技发展促进会、广西潞源信成科技责任有限公司为广西南宁市第二中学、广西南宁市三美学校、广西南宁市第二十一中学、广西南宁市第二十六中学、广西百色市右江区 B 小学、广西百色市第一小学、广西百色市第六中学、广西百色市迎龙小学等多所学校捐赠 3D 打印创客教育实验室。百色市右江区 B 小学的领导在接受捐赠后,表示学校将珍惜这样的捐赠项目,并尽快落到实处,让 3D 打印设备进入校园,为学校创造优质的 3D 打印创客教育的学习环境。

第二节　初级中学的基础教育共同体建设实践

在教育国际化的推进中,广西某些初级中学也积极开启基础教育共同体建设工作。

一、北海市 C 中学

广西北海市 C 中学是一所北海市教委直属的初级中学,创办于 1997 年 8 月,校址前身是北海市师范学校原址,位于北海市广东路。校园占地面积 19122 平方米,建筑总面积 11600 平方米。现有教学班 36 个,学生 1900 人,教职工 130 人,其中高级职称教师 30 人,中级职称教师 67 人,初级职称教师 25 人,全体教师均获得大专以上文凭,学历达标率为 100%。学校秉承"追求发展,追求特色,追求卓越"的办学理念,以"培养全面发展的人才,大力实施素质教育"为宗旨,注重培养学生创新精神与实践能力,以养成教育为突破口的德育工作,已基本构建了"学校—家庭—社会"三位一体的德育网络,学生行为规范、操行评定合格率均超过 99%,被评为"创安文明先进学校"及"无毒学校"。

在教育国际化背景下的基础教育共同体构建实践中,北海市 C 中学主要有如下的表现。

2016 年 9 月 19 日,北海市教科所领导带领全体教研员莅临北海市 C 中学进行视导教学工作。教科所领导专家们走进课堂听课,课后分科组与老师们进行了交流,并对所听课堂教学情况进行了深入细致的点评和指导。通过对教师课堂教学的诊断,教研员们对学校师生精神面貌、校园卫生、课堂秩序、课堂教学工作均给予了高度的评价,对学校的课程改革、学科建设等方面提出了一些建设性意见。北海市 C 中学将以此次活动为契机,促使广大教师深入思考与研究常态课的教学,不断提高课堂效率,切实提高学校的教育教学质量。

2016 年 12 月 9 日,北海市 C 中学一行 15 人至南宁市四十七中学"取经"。在四十七中学领导的陪同下,北海市 C 中学老师们参观了学校,四十七中"生命力"的办学理念给参观的老师们留下了很深的印象,学校布局之精巧、设置之雅致,让人沉浸在讲伦理、塑审美、育习惯的文化、艺术和美的享受中。各科组的老师们分别聆听了自己学科的复习课,四十七中课堂上狠抓基础、落实考点、知识点、讲练结合、课堂效率高的表现让北海市C中学的老师们备受启发。交流研讨双方的老师们踊跃发言，积极探讨，分享各自的经验，研究教法、学法，对备考提出了自己的意见和建议。此次学习交流，双方学校互通有无，各学科老师建立信息资源互通联系，增强了合作，加深了友谊，对"四城统考"的备考方向、思路有了全新的理解。相信两校的交流学习之路会越走越宽，越走越远。

为进一步深化"两学一做"学习教育和师德教育活动，增强学校党员教师的责任感和使命感，帮助学习困难、家庭经济困难或难以适应学校生活的学生构建和谐的师生关系，树立良好的教师形象，创办人民满意的教育，自2017年1月14日开始，北海市C中学在全校范围内开展为期29天的全体党员教师"扶贫帮困"寒假家访活动，以此更好地完成家校沟通、交流与合作工作。

为了更好地贯彻"问题导向—实践取向—专业引领—合作互动"四位一体的校本研修精神，提升学科教研实效，2017年3月8日北海市C中学特邀请北海市外国语学校骨干教师L老师到校就如何抓好集体备课、提高教学质量跟英语组所有教师开展交流分享活动。座谈会上，L老师作为外国语学校骨干教师代表以初一英语教学为例，从如何备好课、上好课，以及"教什么，怎么教"等方面作了具体介绍，还围绕怎样编写教案、科学合理分工、整合教材资源、提高教学效率、扎实高效抓好中考备考工作、有效提高学生英语学习兴趣等具体问题作了经验分享。此次交流活动为两校搭建了互相学习、深度交流的平台，对两个学校在集体备课、提升教育教学水平方面起到了积极作用。大家期待在今后工作中进一步加强交流与合作、互通有无、资源共享，共同提高教学水平和质量。

2017年4月14日，藤县藤州中学一行18人到北海市C中学参观交流并举行了两校德育经验交流会。会上，北海市C中学介绍了学校德育的特色做法，藤县藤州中学的老师对北海市C中学德育的规范化、细节化以及获得的成果给予了高度的评价，同时也分享了自己的德育实践，引起北海市C中学的共鸣。此次交流会不仅加强了两校之间合作与交流，共享教育资源，同时也为德育工作者开阔了思路，拓宽了视野，指明了方向，给全体班主任搭建了一个互相学习的平台，对学校德育工作的整体提升将起到很好的促进作用。

2017年6月7日，北海市教育局保健所有关人员到北海市C中学检查心理健康教育工作情况。领导们参观了学校心理舒缓中心。保健所的领导们一致认为，C中学的心理健康教育工作扎实、有效，尤其对为助力中考而开展的一系列心理健康教育活动给予了高度的肯定,并就进一步加强心理健康教育文化建设、探索更加行之有效的学生心理健康教育方式、加强心理健康教育教师发展等工作提出了宝贵意见和建议。北海市C中学将以本次检查为契机,不断提升心理健康教育工作质量和水平,通过制度建设、整合资源、深入开展团体辅导等方式来推动和谐校园的建设与发展,为学生的健康成长作出努力。

2017年11月6日,北海市文物局联合北海市C中学历史科组开展了"历史文化进校园"活动。北海市文物局的老师从海丝之路、南珠遗存、廉吏遗迹、书香传承、寺观教堂、千年商埠、近代建筑、海疆重镇、名人故居、客家围居等十个方面向学生全面介绍了北海的历史文化,让学生们对北海的历史文化有了一定的了解。此次活动使学生们进一步了解和熟悉了家乡历史文化,培养了他们对家乡的认同感和荣誉感,激发了他们热爱家乡、奋发向上的情操,并增强了他们保护乡土文物的社会责任感。

为落实市委、市政府开展"红烛先锋行"工作精神,深化"两学一做"学习教育,发挥党员教师的先锋模范作用,进一步推进学校帮扶计划实施,实现优质教育资源共享,2017年11月29日北海市C中学党总支到福成二中开展"红烛先锋行"结对帮扶送教活动。北海市C中学的W老师为福成二中初二(5)班的学生带来了《预防犯罪》一课,L老师为福成二中初一(1)班的学生带来了一场室外团体心理辅导,课后两校领导和教师就课改工作、教师队伍建设、德育工作、教科研工作推进等方面进行了座谈并续签了结对协议。双方表示,今后两校将秉持互惠互利、友谊长存、共谋发展的原则,进一步扩大办学理念、教学经验、优势资源、师生联谊活动、名师结对帮扶等方面的分享、交流与合作,实现两校教育事业的更大发展。

2017年12月11日,广西师范大学大学生心理健康教育中心主任应邀到北海市C中学心理舒缓中心指导工作。Y教授对学校心理舒缓中心沙盘游戏室的建设作了重点指导:从沙具的补充完善与摆放、沙子选色、整个沙盘室的逐步扩充计划等方面提出了详细又宝贵的指导建议。北海市C中学将以此为契机,不断完善心理舒缓中心的建设,提升心理健康教育工作质量和水平,争创全国心理健康教育特色学校。

2018年10月14日,来自全国各地的国培班首批11位校长到达北海市C中学开始了为期一周的跟岗研修。北海市C中学校长等班子成员全员参与、全程跟踪、引领示范,从学校管理特色、学校教学管理、学校党建工作、学校德育工作以及教师专业化发展等各方面与跟岗研修的校长们进行了全面的探讨与交流。校长们深入各行政处室、学科教研组、课堂与处室领导、老师们进行互动交流,实地领略了学校常态化的教育教学管理和师生原生态的学习与生活的情况。总结会上校长们认为,北海C中学围绕问题抓、反复抓、抓反复,脚踏实地办教育,为人民、为社会办出了好教育、办出了真教育的经验值得学习,对学校提供研修学习的机会表示感谢。北海市C中学在本次跟岗研修活动中的组织工作也得到广西师院教育学院领导的高度评价。

为进一步构建和谐美丽的城市环境,引导广大青年践行"奉献,友爱,互助,进步"的志愿服务精神,2019年1月21日北海市C中学校领导带领5名党员老师与30名学生志愿者到北海市北部湾社区开展志愿服务活动,分组整理、清洁便民服务站的各个活动室及各楼层的宣传板、窗台、地板、洗手台等区域,受到社区工作人员及群众的赞赏,不仅提升了师生服务社区的意识,也加强了C中学与社区之间的联系与合作。

为了深入贯彻《北海市教育局开展直属基层党组织与农村学校党组织"结对帮扶"活动方案》的通知,北海市C中学党总支以科学发展观为指导,站在推动教育均衡发展的高度,于2019年2月28日与北海市银海区福成镇第二初级中学党支部开展"结对帮扶"续签共建活动,积极开展对口帮扶工作,充分发挥教育资源的辅助作用,进一步加强校际的交流与合作。C中学党总支与福成二中党支部共同交流了学校的未来发展规划,并就学校的教学研究、教育科研、教育管理等进行深入探讨,同时深入交流帮扶工作且制定了帮扶实施方案。帮扶是交流也是合作,帮扶实现共同发展,此次结对共建活动加强了两校的经验交流,互相促进了学校教育教学的发展。

为了进一步加强校际交流,学习和借鉴兄弟学校的办学经验,促进学科建设和班级管理,2019年3月12日至13日,北海市C中学一行9人到贵港市覃塘三中进行了为期2天的交流学习。这次的交流学习,不仅深入交流了各自学校的办学理念与特色,同时在互动交流中充分发挥了共同提升、携手发展的宗旨。两校一同表示今后将进一步加强沟通和交流,互相学习,携手共进,共同促进学校教育教学质量的发展。

为贯彻落实北海市教育质量提升工作会议精神,学习借鉴先进学校管理经验,进一步提高学校的办学质量,2019年4月29至30日北海市C中学一行6人赴南宁师范大学教师教育学院、南宁市第三十五中学、城港市第四中学开展了考察交流学习,收获的是:作为一名教育工作者,必须把追求专业化发展作为毕生的课题和目标,以身作则地静心学习、刻苦钻研、加强磨炼,求得真学问、练就真本领。

2020年8月5日,北海市教育局领导带领市教科所有关人员一行人到北海市C中学检查指导工作。领导们视察了校园改造的情况,听取了校长对学校发展的介绍,对C中学的建设予以充分肯定,鼓励大家要敢想敢干,要增强责任感,对北海学子负责,办好人民满意的教育。领导们对学校师资队伍建设和教师培养方面也作了重要指示,强调要重点培养有能力、肯奉献的人才,让他们形成榜样效应,发挥领头羊作用,并为他们提供展示的平台。最后,领导们指出要加大对学校的宣传力度,所做的工作要让更多的人知晓,酒香也要会吆喝,与社会形成合力办好教育,上下一心,砥砺奋进,攻坚克难,推进北海教育的高质量发展。

2020年8月11日,北海市教育局领导率领市教育局创城办的同志到北海市C中学实地检查指导"三无小区"创城工作。教育局领导充分肯定了C中学"学校统筹管理＋教职工自治管理"模式下的"三无小区"整治所取得的成效及小区浓厚的创城宣传氛围,同时对检查中发现的问题现场提出改进措施和建议。

2020年9月24日至26日,北海市C中学与百色市田东县田东中学这两所联盟学校在北海市C中学开展相关交流活动。田东中学代表团一行16人观摩了北海市C中学篮球、排球、足球、橄榄球、啦啦操、田径、音乐、美术、书法等项目的教学和训练。北海市C中学希望双方在足球、篮球等多个体艺优势项目中开展深度合作与交流,共同打造体艺强校。田东中学负责人表示将会抓住本次联盟教学的机遇,积极借鉴北海市C中学先进的教学理念、成熟的体艺教育教学模式促进自身的发展。此次交流活动推动了以联盟学校为契机进一步增进交流、共同打造体艺强校的愿望。

2020年11月12日,北海市C中学党总支部负责人以《他山之玉,可以为鉴,目标高远,奋力前行》为题,分享了他赴玉林高中附属初中、玉林高中、玉东小学和大自然幼儿园等4所学校学习考察学校党建工作和全面从严治党工作时的见闻和收获。他认为,玉林市的经验和做法值得北海市C中学研究和学习,因此北海市C中学今后的党建工作要与教育教学中心工作深度融合:一是要高度重视党对学校工作的全面领导,学校党组织要对学校发展和重大事项做好顶层设计和操作指导,保证各领域工作有序、高效推进;二是要充分发挥党建对师生成长的引领作用,从党在眼前、党在脑海、党在心中三个维度做好宣传教育工作;三是要努力构建具有校本特色的校园文化,持续做好体育艺术教育和民族团结进步教育两个办学特色,同时要将加强意识形态教育和政治引领打造成学校的德育品牌和又一个办学特色。最后,他希望北海市C中学全体教师要坚持立德树人根本任务,齐心协力开创学校党建工作和教育教学工作新局面。

2020年12月1日,国家体育总局青少司领导带领新华社、中国体育报、搜狐、中国教育报等多家国家级主流媒体的记者以及自治区体育局青少处、北海市旅游文体局的相关负责人到北海市C中学开展"走基层——体教融合宣传采访活动"。他们参观了学校的荣誉展厅,听取了学校开展体教融合工作的基本情况,了解了学校办学以来取得的丰硕体育艺术特色办学成果,对北海市C中学体育艺术特色办学模式给予了高度评价。专家们表示,北海市C中学能够转变教育"重智轻体"的观念,依托现有教育资源整合发展优势体育项目,有效地加强了竞技体育后备人才培养且体育综合育人成效显著,希望北海市C中学在今后的发展中继续深度开展体教融合以培养更多优秀人才并创造出更辉煌的成绩。北海市C中学倍受专家们的鼓舞,齐心协力定能实现其殷切期望。

2021年2月5日,北海市C中学"我是文明小公民,我是文明好老师,我是文明好家长"志愿服务队的25名学生志愿者在团委青年教师的带领下到北海市海城区西塘社区所管辖的海玉小区开展了以发放创城倡议书、市民填写创城调查问卷为主要内容的创城入户走访宣传志愿服务活动,让广大居民更加了解文明城市创建的意义并积极融入到文明城市创建中来,以此提高居民对全国文明城市创建工作的知晓率、参与率和满意率,同时关注环境卫生保护,倡导社会新风尚。

2021年5月20日,北海市C中学开展了期中考试后的控辍保学"大家访"活动,以此进一步巩固控辍保学工作成果、深入加强家校合作、抓好学生教育管理,从而形成全社会共同关注学生成长的良好氛围。北海市C中学对此次活动周密部署、精心策划,对家访形式、活动流程、家访内容等提出了具体要求。教师们深入学生家庭宣传党的教育方针,普及《中华人民共和国教育法》《中华人民共和国义务教育法》《中华人民共和国未成年人保护法》等法律政策,与学生家长深入交流,了解学生经过半个学期的学习后的心理状态、学习状态及思想动态上的变化,重点关注学困生、家庭情况特殊学生的学习生活和心理情况并对学生、家长进行心理疏通及思想开导,鼓励孩子们阳光地面对学习和生活,自强不息,快乐成长,同时对家长的家庭教育提供一些建议和经验。此次活动让教师们全面了解了受访家庭学生的具体情况,有利于教师下一步更有针对性地开展教育教学工作,同时也为学校和家庭间架起了一座深入沟通交流的桥梁,增进了家长、学生对学校教育工作的了解和信任,加深了家校合作。

2021年5月21日,北海市C中学根据《北海市教育局开展直属基层党组织与农村学校党组织"结对帮扶"活动方案(2019—2021年)》文件精神,党总支部负责人带领部分优秀党员干部、优秀青年教师至北海市铁山港区营盘中学开展"与奉献同行 让爱心永驻"支教助学公益活动,助力城乡教育均衡发展。北海市C中学向营盘中学赠送了三台计算机用于支持和改善营盘中学教师办公条件并促进其信息技术教学工作,另外三位老师数学、英语以及心理辅导的授课受到了营盘中学的好评。结对共建,携手发展,此次"送教下乡"活动进一步增进了北海市C中学与营盘中学的往来,基于加强交流共谋发展。

2021年9月29日,北海市C中学邀请北海市中级人民法院三位法官助理到学校开展了以"反对校园欺凌,保护少年的你"为主题的法律知识宣传讲座。法官助理们从"防欺凌""防性侵"两大方面进行了法律知识的宣传教育,让学生了解了什么是校园欺凌、校园欺凌的行为有哪些,并结合相关案例教导学生遭受欺凌后的应对措施,同时希望同学们不负韶华,勤奋学习,实现理想并珍惜同学情,做一个善良正义的人。

2021年12月16日,北海市C中学名校长工作室一行9人到北海市铁山港区营盘镇中心小学开展"党建领航促发展 结对共建谱新篇"送教下乡交流活动。北海市C中学名校长工作室一行给营盘镇中心小学精心设计、认真准备了以八字跳绳、足球、啦啦操为主题的三节精彩示范课,参与到示范课的每一位学生尽情地投入课堂且体验运动的快乐;两位名校长工作室主持人还就如何提升团队凝聚力、提升骨干教师领导力、构建名校长共同体等主题展开了深入探讨。此次送教活动,为城乡教师的相互交流、城乡教育的共同发展搭建了桥梁,两校表示今后将增进往来,加强交流,扎实开展结对帮扶工作以共谋两校协同发展。

2022年4月19日,北海市C中学为北海市海城区西塘社区的居民献上了一场以"中华民族一家亲,同心共筑中国梦"为主题的民族音乐舞蹈文艺汇演,以此共建和谐社区,进一步推动北海市文明城市的建设,助力北海市全国民族团结进步示范市创建工作。

2022年4月25日,北海市应急管理局和海上搜救志愿者协会的讲师至北海市C中学开展防溺水安全教育进校园活动。海上搜救志愿者协会的黄秘书长通过发生溺水事故的相关数据和10个真实溺水案例强调了溺水事故的危害性及严重后果,讲述了游泳时的注意事项,并通过互动的方式就预防溺水"六不一会"等内容对学生进行提问,告诫学生一定要把知识牢记于心、内化于行以杜绝溺水事故的发生。北海市C中学表示,学校在增强学生安全防范意识、提高自护自救能力的基础上将持续不断地开展各类防溺水安全教育工作,为学生的生命安全保驾护航。

2022年5月30日,北海市C中学领导带领部分党建干部到北海市海城区驿马小学党支部开展结对帮扶活动。此次结对共建活动以党建工作为抓手,以优化教育资源配置和深化课堂教学改革为载体,以资源共享、交流学习、优势互补为途径,以互惠双赢、共同提高、优质办学为目的,不断推动两校的党建工作再上新台阶。两校领导分别就学校管理工作、特色办学模式、师资队伍建设、校园文化建设等方面开展了深入交流,并希望今后两校增进往来、加强交流、建立良好的校际合作机制以充分开发、利用、共享教育资源,通过交流学习、优势互补、携手共建、齐心协力全面提高两校的管理水平和教育质量。

2022年7月1日,北海市海城区公园路派出所至北海市C中学开展法治安全教育讲座。C警官从防范电信网络诈骗、防溺水、防校园欺凌、交通安全、禁毒以及如何预防未成年人犯罪等方面进行了全面的教育,通过身边案例的列举希望学生能依法进行自我防范、保护好自身安全。此次安全教育活动让同学们对法律知识以及相关安全知识有了更深的认识,牢固树立了遵纪守法的法治观念,并保证度过一个文明、健康、愉快的暑假。

2022年10月14日,北海市教科所副所长应邀至北海市C中学开展《课堂改变,学校才会改变——谈谈课堂教学改革》专题讲座,从传统教学"满堂灌"教育理念与新时代体验式教学理念发展的矛盾入手强调势在必行的课堂教学改革趋势,并从政策的梳理、学科核心素养的落地、有效教学的实践与反思这三个方面展示了课堂教学改革的"茶馆式教学"和后"茶馆式"教学以及高效"6+1"课堂模式。副所长这次课堂教学改革专题培训让与会的教师们受益匪浅,不仅加深了对课堂教学改革的理解,也进一步拓宽了教师的教育视野。北海市C中学表示,将以此为契机,在今后的教育教学中逐步构建素养好课堂,推动教育教学质量不断再上新台阶,进而适应教育新时代发展的需要。

2022年11月7日,北海市C中学党建办公室主任带领党建干部及团委教师代表到北海市海城区驿马镇驿马小学开展了以"结对共建显真情,校际交流促发展"为主题的宣讲活动。F主任以"坚定文化自信,推动社会主义文化繁荣兴盛"为主题,从几道数学题目引入文化自信的话题,教育学生要奋发向上、积极学习并向优秀榜样看齐;要阅读红色故事、走访红色圣地,通过党史学习教育坚定信念,全面发展争做时代新人。F主任一行随后参观了驿马小学的各项基础设施并进行了教学心得和管理经验的相互交流。此次活动深入推进了北海市C中学与驿马小学的帮扶工作,强调两校今后将继续增进往来,充分共享教育资源,并通过交流学习、优势互补,全面推进学校管理水平和教育质量的稳步上升,为基础教育共同体建设积极贡献应有力量。

二、南宁市武鸣区广西—东盟经济技术开发区D中学

南宁市武鸣区广西—东盟经济技术开发区D中学始建于1963年,其前身是广西国营武鸣华侨农场场办中学,现在是广西—东盟经济技术开发区唯一一所全日制普通完全中学。学校现有38个教学班,其中高中部18个班(每个年级6个教学班),初中部20个班;在校学生1997人,其中高中部1024人,初中部973人。教职工138人(含编外53人),专任教师122人(含编外53人),本科以上学历113人,高级教师10人,中级教师58人。学校占地面积133334平方米(200亩),建筑面积40830平方米,运动场地总面积25295平方米,绿化用地面积47700平方米,教学及辅助用房面积21482平方米。校园环境优美、安静,充分体现实用和育人功能,为学生健康快乐地成长创造了良好的环境。

在构建教育国际化背景下的基础教育共同体进程中,南宁市D中学主要做了以下工作。

2017年12月22日,南宁市教育局领导莅临南宁市D中学检查指导工作,对校园环境卫生、学校的硬件设施及师生的精神面貌等各方面给予了高度肯定与评价。教育局领导此次莅临南宁市D中学检查工作,充分体现了南宁市教育

局对D中学教育教学工作的重视、关心和支持,全体师生倍感鼓舞。大家表示,要继续践行"三个改变",构建积极情态校园,不忘初心、牢记使命,砥砺奋进,蓄势超越,培育艺体品牌,创建特色学校,为学校发展书写新的篇章,为创建名校而不懈努力。

2018年4月13日,平南县思旺初级中学一行10人来到南宁市D中学参观交流。座谈会上,南宁市D中学校长就客人们关心的D中学历史沿革、办学理念、办学特色、教学改革、办学成果等方面的情况作了介绍。同时,两校还分享了在学科建设、课堂效度、班级管理等方面的具体做法和经验。校长希望通过此次交流活动,能够更加深入地促进两校沟通,进一步增进两校友谊。

2018年5月11日,南宁市国土局矿产资源科、南宁市旅发委以及开发区安监局、教育文体局相关领导深入南宁市D中学进行防溺水安全教育工作检查。检查组亲临校园查看了学校防溺水安全教育宣传栏、宣传标语、学校防溺水安全工作台账、防溺水主题活动材料等。南宁市D中学校长向检查组全面介绍学校防溺水工作的开展情况:学校及早制定防溺水专题活动实施方案,召开专题会议,明确岗位职责;利用升旗仪式发表珍爱生命,预防溺水主题讲话、召开主题班会课、观看教育视频等,对学生进行防溺水安全教育;通过微信公众号向所有学生和家长宣传相关安全知识;在"致家长的一封信"中进行宣传教育,增强家长对孩子的安全保护意识。检查组对南宁市D中学的防溺水工作给予了肯定,认为D中学在贯彻落实上级防溺水工作精神中,思想认识到位,工作落实到位,责任措施到位,希望学校能继续加大开展预防学生溺水工作力度,切实增强师生的安全意识,以确保学生健康快乐成长。

为了营造向先进学校学习的氛围,提升学校教育教学质量,同时向家长代表展示课堂教学成果,形成家校合力,促进学校发展,2018年12月28日,南宁三中领导、老师一行14人来到南宁市D中学,在初中部举行语文、数学、英语、物理、政治、历史学科教学帮扶"同课异构"交流活动。在分学科交流会上,老师们畅所欲言,对教学活动过程进行点评分析。综合大家的意见和建议,各学科中心组组长对教学活动做了总结,既肯定了优点,又指出不足,还对今后如何构建高效课堂等问题提出了意见和建议,得到与会者的赞同。通过这次教学帮扶活动,两校的老师都发现了自己教学上的不足,达成了开展后续活动的共识。此次活动不仅是精彩课堂的展示,更是为学校发展搭建了长期有效的帮扶交流平台。依托南宁三中优质教育资源,相信在D中学全体老师的共同努力下,课堂教学效果会更高效,教育教学质量会得到进一步提高。

为了进一步构建高效的课堂教学,增进彼此间的友谊,加强交流学习,提升南宁市D中学、锣圩中学、金伦中学的发展空间,三所学校协商决定举办2019年春季学期"3+N"同课异构教学交流活动。2019年4月15日至18日,三所学校如期在D中学开展了"同课异构"教学交流活动,就语文、数学、政治、地理、英语、生物、化学、物理、历史等学科内容进行了交流。本次活动结束后,"3+N"学校的校际合作得到进一步推进,希望在未来的日子里,校际能携手共进,构建更加高效的课堂。

2019年9月3日,广西国家国防教育办公室、广西绿邦国防教育实践基地一行5人莅临南宁市D中学指导工作。他们参观了学生们的跑操队形队列训练,亲临学生宿舍,深入了解学校准军事化管理的建设情况。座谈会上,校长介绍了南宁市D中学的办学历史、发展思路和教学改革,特别是植入军事教官管理模式后取得的可喜成绩:准军特色日益彰显,少年军校初具雏形;学生行为习惯得到纠正,核心素养得到提升;教育教学质量得到飞跃发展;社会认同不断提高等。指导工作组对南宁市D中学校军合作的理念表示充分的肯定,尤其肯定学校实行准军事化管理后取得的成效:学生好的行为习惯有了层次性的提高,教学成绩有了质的飞跃。他们希望,这样的合作要不断总结和探索,将军事化管理与学生学习更好地渗透,并通过多样化的融合方式,如组织学生观看爱国主题电影,书写爱国日记,以及以"走出去"和"请进来"的思路邀请家长观摩等,还要注重培养学生的爱国主义思想,切实将大事好事抓出成效,推动国防教育的发展。

2019年12月13日,南宁市D中学校长在2019年南宁市中小学德育工作研讨暨班主任技能比赛表彰会上的《培育准军管理特色,提高教育教学质量》中分享了南宁市D中学几年来围绕"一主四特"创建特色中学尤其是培育准军管理特色方面的成效和经验倍受与会者的关注,南宁市D中学将继续怀着"路虽远,行之将至;事虽难,做则必成"的进取心"撸起袖子加油干",努力培育学校办学特色,提高学校管理质量和办学水平,创建成南宁特色中学、广西星级特色中学。

2019年12月18日,南宁市武鸣区民族中学与南宁市D中学开展了语文、数学、英语、政治、历史、化学、物理七个学科的教学交流活动,以此促进两校各学科的教师队伍建设,进一步提高教师教学能力,为教师成长搭建起更好的学习和展示平台。南宁市武鸣区民族中学和南宁市 D 中学的老师们经过精心筹备呈现出了精彩纷呈、各具特色的课堂,从教材的发掘到教学策略的选择,问题的设计到课堂氛围的营造都体现出了各自的教学风格。本次教学交流活动让两校教师在交流互鉴中取长补短,并希望在今后的教学改革浪潮中携手并肩、互相学习、与时俱进,推进两校教育教学工作更上一个台阶。

2020 年 7 月 30 日,南宁市 D 中学团委志愿者服务支队在开发区党政办的组织下到侨园小区开展创建全国文明城市活动,对侨园小区内的楼道、扶手进行清扫和擦拭,对小区周边的杂草、路边的垃圾进行清除,并向沿街的商铺发放创城和垃圾分类宣传资料,凭借"奉献、友爱、互助、进步"的精神和"追求卓越、止于至善"的 D 中精神为南宁市创建全国文明城市奉献了一份力量。

2020 年 10 月 15 日,贵港市江南中学校领导及老师一行 3 人来到南宁市 D 中学开展"加强课改交流,提升教研水平"为主题的教学学习交流活动。活动中,江南实验中学老师的《逍遥游》课堂教学充分发挥了学生的主体地位,众多巧妙设计的互动环节让课堂洋溢出浓厚的学习氛围;南宁市 D 中学老师的数学课也打破了传统枯燥无味的理科课堂气氛,讲练结合,激发学生极大兴趣并取得良好的教学成效。评课交流时一致认为这两节课极大调动了学生学习的自主性,课堂趣味无穷,符合课改的发展趋势。"问渠那得清如许?为有源头活水来。"此次教学学习交流活动不仅让两校的课改理念有所提升,也激发了教研教改激情,相信通过更多学习交流平台的搭建两校的课改之路会更宽、更广。

2020 年 11 月 19 日,广西英华国际职业学院附属中学领导一行 6 人莅临南宁市 D 中学交流学习。广西英华国际职业学院附属中学领导参观了校园环境、学生宿舍并观摩了学生列队进餐的准军管理特色,对南宁市 D 中学准军管理的办学特色给予了肯定。此次交流学习展示了南宁市 D 中学的办学特色和亮点,树立了学校的良好形象,也增强了南宁市 D 中学与广西英华国际职业学院附属中学的交流效果。

2021 年 5 月 11 日,南宁市 D 中学、锣圩中学、金伦中学三校在南宁市 D 中学开展 2021 年春季学期"3+N"联合体期中考试质量分析会暨"3+N"联合体同课异构交流活动,以此进一步优化课堂教学,促进教育教学质量的提高,使三校教师有一个更好的学习、交流的平台,形成相互学习、相互探讨、共同进步的良好氛围。活动中,各校老师展示了地理、历史、英语三个学科精彩纷呈的同课异构教学。互动评课时全体教师对同课异构教学课从教材处理、教法选择、师生互动、组织形式、语言的逻辑性与严谨性等方面进行了讨论。此次教研活动为三校教师搭建了一个畅谈教学思想、交流教学设计和展示教学风格的平台，执教者和听课者都受益匪浅，助推了教师的专业成长，促进了学校教研水平的提升。

2022年9月20日，南宁市辖区内的D中学、锣圩中学、马山三中及周鹿中学在南宁市D中学召开2022年春季学期"4＋N"联盟学校期末考试质量分析会，以此加强四校联合体新一轮的合作、谋求新学期的共同进步。南宁市D中学教务处对期末考试的情况进行了详细的汇报，并对各校各科的成绩分布、优秀率、及格率等方面给予了全面的分析。联盟学校领导对现有数据展开讨论，并探讨了新形势下如何在教学、分科、考试命题等方面进行突破，最后对新学期的工作展开规划且制定短期发展目标。此次会议联合体学校对共同发展目标的探讨与规划，将进一步促进联合体学校教育的合作、发展与共赢。

2022年10月28日，南宁市D中学举办2022年义务教育初中阶段学校优秀作业设计评选和品质课堂教学展示活动，以展示优化作业设计增效益、科学减负显活力并促进校际的交流、学习与合作。本次作业成果展由各校各学科自行制作，内容包括教师的作业设计册和学生的作业成果册，形式丰富多元，充满想象力和创造力，切实落实了"双减"的政策要求并体现出科学化与质代量性。而学科品质教学的展示在校际学习与交流的增强中留下了广阔的反思空间。此次活动共享了各校的经验，是加强基础教育共同体建设以推进基础教育均衡优质发展的一次有力见证。

三、柳州市E中学

广西壮族自治区柳州市E中学创办于2014年，是柳州市城中区人民政府根据柳州市委市政府高起点、高标准和高品质的"三高"办学要求，为"教育强""再添优质教育资源,福泽龙城百姓"而全力打造的一所崭新的公办初级中学。现阶段,学校办学规模为28个班级,1500余名学生。学校将充分利用优越的位置及资源优势，承续柳州千年历史文化积淀，紧随教育改革创新浪潮，建设成为区域教育教学、科研培训的核心基地，教育强区中的精品之花、典范之校。

在教育国际化背景下的基础教育共同体的构建过程中，柳州市E中学大致做了以下努力。

为促动教师汲取先进的教育理念、学习优秀的教育管理经验,以此开阔教师视野并提升教育教学水平与实效性,柳州市E中学的19名青年教师在校领导的带领下于2015年3月11日分别到南宁武鸣县城厢镇中心学校、南宁武鸣县双桥中学和南宁市第三十七中学进行学习。在考察学习中,老师们真切感受到了城厢镇中心学校大课间的"别出心裁",双桥中学"教师教得灵动,学生学得主动;教师引导得法,学生自主领悟;教师指导有方,学生学得高效"的别样课堂,南宁市三十七中对学生"责任教育"和"养成教育"培养的启发。

2015年7月13日至8月6日,柳州市E中学师生一行16人开始暑期英国游学之旅,先后拜访了英国伦敦的"box hill school"贵族学校、格林尼治大学、剑桥大学、牛津大学等地。E中学师生此行的英国之旅,不单看到了纷彩的世界,还学会了思考,进而提升自己对生活的领悟。

2015年12月7日,自治区教育厅体卫艺处一行3人在柳州市教育局基教科和城中区教育局相关领导的陪同下莅临柳州市E中学指导校园足球开展工作。柳州市E中学是柳州市城中区首批校园足球特色学校,学校一直以来都非常重视校园足球的开展。指导工作组对柳州市E中学的足球场地设施以及校园足球开展的情况大加赞赏,并鼓励制定长远规划,把足球的特色坚定地延续下去。

2015年12月31日,广西糖网董事长为柳州市E中学带来了建校以来的第一笔企业资助发展基金——广西糖网助学金,其旨在搭建青年教师发展平台,帮助青年教师迅速成长,同时表彰和鼓励品学兼优的学生,为实现梦想而努力奋斗。

为了促进学生德、智、体、美、劳全面发展,加强学校的德育教育,2016年4月1日柳州市E中学德育处联合柳州市城中区国税局、地税局策划了一场别开生面的德育活动。E中学在与城中区地税局、国税局领导干部的互动中展现出了身为E中学学子对于知识的渴求以及高度的社会责任感,也为同学们在心中埋下了一粒依法纳税的种子,将来的某一天,它一定会生根发芽,茁壮成长。

2016年5月13日,柳州市E中学400名师生及家长来到柳江区成团镇舟村,开展"亲近农耕·环保励志"活动。师生、家长们开展了"农场主收成配送""农家宴制作体验""徒步体验"等六大体验项目,不仅让许多学生第一次接触到农耕生活,让他们体验了农村人的劳动空间与劳动节奏,通过劳动与感受来学会尊重农民的劳动成果,其身心也变得更健康,更有爱。

为体现家长的知情权、监督权和评议权并能听到家长们的心声,督促学校更高质量地做好师生膳食工作,让学生餐成为安全餐、放心餐和营养餐,2016年11月3日,柳州市E中学举行了第一次食堂开放日活动,12名家长代表参观学校食堂的食品储存仓库、食品粗加工、烹饪、餐具清洗消毒、食品制作流程、食品留样等,品尝了伙食后表示十分满意。学校食堂开放日活动提供了良好的互动平台,让家长了解学生在学校的学习、生活状态,参与到食堂的监督管理中,有利于确保学校食堂食品安全,同时进一步规范食堂食品安全管理制度,完善食品原料采购、储存、加工制作流程等工作情况。

2017年2月20日,柳州市E中学导师H老师来到E中学与初三年级家长们近距离沟通交流,围绕"家长如何陪伴孩子"一题带来了精彩的讲座。在讲座中,H老师强调了三点:

第一,家长要树立正确的家长观。家长应该是孩子心理的疏导者,心灵的安抚者,行动的指导者和支持者。我们一定要理解孩子,要站在孩子的角度考虑问题,体恤孩子们的心情。

第二,家长要树立正确的成才观,量体裁衣,要为孩子找到适合他发展的方向、道路。家长要对自己的孩子有充分的了解,用长远的发展的眼光看待孩子,要有的放矢地教育孩子。

第三,家长要配合学校和班级做好孩子的工作。一是要有信心,二是要积极主动地与老师们沟通,当看到孩子或者了解到班级出现什么问题都要及时向学校或者班主任沟通交流。H老师讲授的知识与技能在家长之间引起了强烈共鸣,家长们表示受益匪浅。

2017年5月12日,我国台湾省花莲县化仁中学2017年广西体育足球交流参访团到柳州市E中学交流。此次台湾省化仁中学师生到校交流,不仅有助于E中学与台湾省化仁中学两校学生开阔视野、增进了解,还加强了台湾省中学生与祖国大陆的情感联系以及对中华文化的认同和传承,同时也使两岸学校的学子们结下了深厚的友谊。柳州市E中学与台湾省化仁中学今后将不断升华和拓展两岸的教育、文化的交流与合作。

2018年4月4日,柏林潘科爱思学校的校长卡门·克里斯蒂安·乌鲁蒂亚女士、副校长安妮可女士、欧文化艺术交流协会会长陈女士等访问柳州市E中学,卡门女士介绍其校开办的服装设计、陶艺、舞台剧、瑜伽等二十多种丰富多彩的兴趣班,其办学理念与柳州市 E 中学"三高"办学理念相契合,卡门女士希望通过此次交流活动与柳州市 E 中学相互学习,共同进步。柳州市 E 中学校长表示 E 中学和柏林潘科爱思学校各有优势,应当加强交流合作,互学互鉴,为增进两校的相互了解和友谊多做贡献。

2018 年 5 月 3 日,柳州市城中区副区长、区教育局局长及副局长几位领导莅临柳州市 E 中学指导毕业班工作。几位领导听取了 E 中学一模、二模考试情况的汇报,也分别对学校下一阶段的备考工作提出指导意见,希望 E 师生能继续发扬艰苦奋斗精神,预祝 E 中学 2018 年中考再创新辉煌。

学生的健康成长离不开学校、家庭、社会的共同努力,学校的内涵式发展离不开家长的关心、关注、支持与付出。根据市委市政府"三高"办学要求,以推进初中生家庭高品质教育和家校深度互动为主要核心,力求做好"小"升"初"衔接教育,初中三年阶段性和谐发展以及"初"升"高"衔接教育,2019 年 10 月 16 日,柳州市 E 中学成立"E 中学父母学院"。柳州市 E 中学校长作为首任"E 中学父母学院"院长在仪式中就柳州市 E 中学的教学理念、成立学院的优势作了讲话,校级家委会对家委积极主动配合学校完成各项工作任务以及家委成员的辛苦付出表示认可,全国著名心理健康教育专家 T 老师作了《如何做一名合格的初中生家长》讲座。在学校及家长的共同努力下,"E 中学父母学院"这粒种子一定会在柳州市 E 中学这片热土上生根发芽,结出丰硕夺目的果实。

2020 年 3 月 24 日,中共十届柳州城中区委第七轮巡察第一巡察组到柳州市 E 中学专题反馈巡察意见。巡察组客观评价了 E 中学的工作,就巡察发现的问题和不足,明确提出了具体的整改意见和建议,并希望 E 中学党支部在今后工作中提高认识,切实落实巡察整改责任;多措并举,认真抓好整改,落实各项工作。E 中学党支部负责人对巡察反馈意见作出表态:巡察组的反馈具有很强的针对性、指导性和可操作性,学校将深化认识,正确对待,端正态度,切实把各项整改要求落到实处。E 中学校长强调,柳州市 E 中学党支部将以巡察反馈会为契机,认真抓好党支部建设,办好人民满意的教育。

2020 年 5 月 20 日,柳州市 E 中学召开以"传承·守正·创新"为主题的校家委会会议,让家长了解学校的工作计划,搭建起家校沟通的良好桥梁,进而形成强大的共育学生"教育统一战线"。家长们对柳州市 E 中学细致扎实的开学准备工作给予了赞扬,同时也讨论了"E 中学父母学院"的相关课程,为推进学校今后的教育教学工作提供了丰富具体的指导性建议,构建了良好的家校合作平台。柳州市 E 中学相信,只要立足本职、守正创新、担当作为,定能为孩子们的全面、和谐发展营造出健康的成长环境并撑起一片美丽的天空。

2020 年 11 月 17 日,柳州市城中区政府领导至柳州市 E 中学调研,对学校新一届领导班子的工作与成效给予高度肯定,同时提出 E 中学应当开放交流、彼此融合、共同提高,因此希望 E 中学利用学校优势学科建立教师培训基地,帮助更多年轻教师快速成长,同时针对学校办学工作中遇到的困难尽快提出解决办法,进而持续提升办学条件。柳州市 E 中学表示,将不忘教育初心、牢记育人使命,有信心在区委、区政府、区教育局的高度重视和指导下争创佳绩、再接再厉,不负学生、家长以及社会的殷切期望。

2021 年 3 月 18 日,广西教育研究院专家莅临柳州市 E 中学进行教学视导工作。在巡视了校园、聆听了国测调研汇报、深入课堂听课、与教师交流等后,专家们对柳州市 E 中学的学生精神面貌、校园文化建设给予高度评价,对丰富多彩的学生活动(如社团、社会实践、万米徒步、年或月度人物评选等活动)以展示德育和智育并重的育人理念、挖掘学生亮点助力学生健康成长的工作给予高度肯定,对教师授课中表现出来的扎实的基本功、清晰的思路、调动学生学习积极性的有效手段、科学合理的教学评价等给予了高度赞扬,同时也根据国家义务教育质量监测的要求提出了专业性建议,如在平时教学中注重学生核心素养提升、关注学生身心健康、智育和德育并重、全面促进学生身心健康发展的同时,要以城区新教师成长基地校培训为载体、名教研组建设为突破口,根据个人成长规划深入推进师徒结对活动和开展教师汇报课、青赛课、班会课竞赛等活动,致力于教师专业化发展共同体的打造,切实促进教师专业化成长,进而为国家义务教育质量监测目标的实现保驾护航。这些建议,让柳州市 E 中学的领导、老师们受益匪浅。专家们此次的教学视导,为柳州市 E 中学接下来的教育教学工作开展指明了方向,推动柳州市 E 中学不忘初心、牢记使命、砥砺前行,大力提升学校的办学质量。

为推进柳州市城中区初中学科教学改革,提高课堂时效性和城中区各校中考备考及学科教研能力,在市教科所的大力支持下,2021 年 4 月 12 日柳州市 E 中学召开了城中区英语、地理、生物、体育学科系列教研活动以全力打造城中区优势学科协作奋斗共同体。各学科展示了教研活动,柳州市教育科学研究所主任对柳州市 E 中学 L 老师的英语公开课给予高度评价,认为 L 老师的归纳法教学紧扣复习课重点,语法的学习策略指导到位,体现了由易到难的教学过程。柳州市地理教研员 W 老师对地理公开课进行了点评,认为地理课教学要多研究本市和其他地区中考题,紧扣课标,不要脱离课标上一些过深的内容,教师之间要互相听课、互相学习、共同促进。柳州市生物学科教研员 P 老师在点评同课异构形式的生物公开课中指出,要按照课程标准落实学什么、教什么、考什么,以幽默的方式给出了"背、商、广、深"的四字诀备考复习方法。

2021 年 4 月 21 日,柳州市 E 中学与柳州市第三十中开展了大学区制背景下的校际联动主题研讨活动。柳州市 E 中学 L 老师生动地展现了一节地理复习课的精髓,即凝练学习方法、梳理要点重点,以复习作为出发点帮助学生以点及面并学会自主学习。柳州市第三十中 C 老师展示了一节以思维导图为"复"、以习题训练为"习"帮助学生构建单元知识大框架的精选习题、讲练结合的生物复习课。课后,全体老师分别对两位老师的课堂亮点与不足展开了交流与讨论,达成了"复习课不应只重视知识,更要注重方法和能力培养"的共识。本次教研活动不仅给青年教师提供了一个锻炼平台,也加强了校际的思维碰撞和教学交流,而通过校际联合、互相学习、互动教研,柳州市城区各学校的共同发展、教育的均衡化指日可待。

2021 年 4 月 28 日,柳州市 E 中学承办了一次推进广西中学音乐、美术、体育学科发展的主题教研活动。活动中,桂林市第十六中学 N 老师、北海市第八中学 L 老师分别展示了一节美术课,柳州市 E 中学 H 老师、桂林市桂林中学的 Z 老师分别展示了一节体育课,南宁市天桃实验学校 D 老师、柳州市 E 中学 Z 老师各展示了一节音乐课。除了课例展示,还进行了任课教师的反思说课与点评、各学校团队研修过程的介绍,在肯定了优点的基础上指出存在的不足,进而提出建议,以更好地促进该类课程素质教育的有效落实。总之,此次全区教学教研活动是一个全区校际互学互鉴的良好开端,为广西全区音体美教师面对面交流提供了一个互动平台,同时与会老师对柳州市 E 中学学子的课堂素质高的称赞也激励着柳州市 E 中学向更高的目标迈进。

2022 年 3 月 2 日,柳州市 E 中学承办了柳州市城中区九年级历史学科开学考试质量分析会,力图通过总结历次经验教训以提高初三备考质量。柳州市第十二中学 L 老师和柳州市 E 中学 H 老师分别对城区一月二模及三月开学考进行了质量分析,柳州市龙城中学 Y 老师介绍了龙中基于制定科学严谨备考方案取胜的复习备考经验,柳州市 E 中学 W 老师也介绍了 E 中学注重组内分享、思维碰撞出方法的复习备考心得。主持会议的城区历史教研员 H 老师在肯定老师们的优秀做法后进行了《以题促教——复习研题举例》的专题讲座,从课标出发并利用此次开学考的试题分析指导城区老师如何提升研题能力和教学能力,实现以题促教的目标。此次质量分析会通过总结分享碰撞出了新火花、新亮点,为接下来的初三教学和备考工作指明了方向,也为柳州市城区历史学科共同进步奠定了一定的基础。

2022 年 4 月 27 日,柳州市城中区人民政府领导在城中区教育局局长等人的陪同下至柳州市 E 中学进行精准"把脉"、精确指导的毕业班工作调研。调研中,城中区教育局教研室副主任分析了 E 中学第四次模拟考情况,结合数据肯定进步的同时点出薄弱科目及努力方向。城中区教育局局长充分肯定了 E 中学毕业班的备考策略和取得的进步,同时要求学校要时刻关注师生的心理问题并做好心理疏导,给予师生周到的人文关怀。E 中学校长以"教用心、育用情"为主题分析了学校的四模情况,在总结进步原因的基础上对存在的不足也进行了详细的呈现,提出了攻坚攻心、基础为王、德育渗透的未来教学方向。城中区领导在充分肯定 E 中学四模取得进步的同时明确指出班级、学科要均衡发展,在新课标的指引下调整备考方向与策略,期待 E 中学不断有精彩的新表现。冷副区长一行精准把脉、精确指导的毕业班工作调研给柳州市 E 中学带来了极大的鼓舞,学校定能用智慧和汗水为柳州市城中区教育添砖加瓦、贡献力量。

2022 年 9 月 13 日,柳州市城中区人大常委会主任率队到柳州市 E 中学开展"推进基层社会治理,建设幸福宜居家园"主题调研。在听取 E 中学对校园文化、劳动教育、办学特色的介绍并参观学生的陶艺作品、劳动教育基地后,调研组一行对 E 中学优美的校园环境、独特的校园文化和精细的学校管理等方面取得的成效给予了高度赞赏,同时也对学校存在的发展困难提出相应的见解及要求。而此次活动不仅体现了调研组对 E 中学的关怀,为学校的发展指明了方向,同时也激励着 E 中学要以此为契机继续行稳致远、追求卓越,进而全力打造出教育高质量发展的新引擎。

2022 年 9 月 16 日,全国政协领导率全国政协教科卫体委员会调研组莅临柳州市 E 中学指导工作。调研组在听取柳州市 E 中学紧紧围绕"体教融合"理念积极开展丰富多彩的课余训练、竞赛活动促进了学生身心健康发展的业绩后,亲临现场观看了排球队训练并与学生进行比赛互动。调研组对柳州市E中学在"体教融合"理念引导下促成学生意志品质、吃苦耐劳精神、良好学习品质得以养成的成效表示肯定,并对某些不到位的工作提出了殷切希望。柳州市E中学相信,在领导的深切关怀下,学校初心不改,始终坚持"体教融合"理念加快多元课程体系建设,积极推进学生文化学习和体育锻炼的深度融合、协调发展,为学生在体育锻炼中享受乐趣、增强体质、锻炼意志、健全人格方面保驾护航并作出更多成果。

2022年10月11日,柳州高级中学校长率全体校级领导莅临柳州市E中学指导交流。E中学校长带领柳高领导参观了校园,介绍学校体教融合和中考情况。柳州高级中学校长充分肯定了E中学的办学成绩,感谢学校为柳州高级中学不断输送良好的生源,表示拥有优良育人环境的E中学已经成为师生成长的沃土和成才的摇篮,希望两校继续开展深度合作,实现初高中教育高质量衔接,热忱欢迎E中学的优秀学子成为柳州高级中学的一员。此次参观交流活动,增进了E中学与柳州高级中学的友谊,实现了互惠共赢与协同发展。

2022年11月16日,柳州市城中区九年级期中质量检测分析会历史专场在柳州市E中学召开,同时进行了桂林、玉林、北部湾三地中考题的研题分享。城中区教研员H老师强调了质量分析以及研题的重要性,指出了"先研题,再确定努力方向"的思路,十二中学的Q老师从四个方面解析了命题的范围、难度等并对城中区各个学校的"四率一平"进行了比较和分析,E中学的C老师、十二中学的Y老师、龙城中学的Y老师分别对桂林、玉林、北部湾三地三年的历史中考题进行了研题分享。"知不足,然后能自反也;知困,然后能自强也。"此次质量分析会议是柳州市城中区初中历史教学增效提质的一个举措,为全体教师明确了下阶段的教学目标,要求各学校在总结中找明方向、汲群智。"今朝已展千重锦,明日再进百尺竿",相信柳州市城中区各学校的历史教学质量在大家的共同努力下必将有更大的提升。此次分析会也是基础教育中"教学共同体"建设的有机组织部分。

第三节 高中阶段学校的基础教育共同体建设实践

为有效服务教育国际化的推进,广西部分高中学校在基础教育共同体的构建中也大胆实践。

一、崇左市F高级中学

崇左市F高级中学是崇左市直属重点高中,践行"传承簧学文化,打造优质教育,惠及普通人家"的办学宗旨,发扬"正心、向善、笃学、致远"的"崇高精神",培养有爱心、敢担当责任的"崇高人"。在教育国际化背景下基础教育共同体的构建进程中,崇左市F高级中学有积极的表现。

(一)上级领导的关怀

2016年9月7日,在第三十二个教师节将至之际,崇左市委领导到崇左市F高级中学访问,对教师进行慰问,为教师们送去节日的问候。座谈会上,市委领导认真聆听了F高级中学校长对学校工作情况的介绍,对F高级中学取得的成绩给予了肯定,同时也非常关心学校教师的待遇。市委领导表示,教育是百年大计,高中教育对于崇左市、对于国家都是造福人类、造就未来的重要事业,F高级中学教师在当前的环境下发挥艰苦奋斗的精神,为崇左市做出了卓越的贡献,应该得到相应的回报,必须要责成市里的相关部门,拿出一套方案来,提升教师队伍质量,提高教师待遇,打造优质教育。

2016年11月3日,崇左市委领导到崇左市F高级中学现场办公,现场研究解决关于F高级中学扩建的有关问题。市委强调,各级各有关部门要共同努力,加快推进F高级中学扩建步伐,把F高级中学这所崇左的百年学府、自治区的示范性高中,建成一所民族地区名校,加快推进崇左的教育发展,为崇左培养更多优秀壮族子女。现场办公期间,市委参观了F高级中学的校园,亲临簧学园,详细了解学校的发展历程,并听取了学校领导关于学校扩建工作推进情况的汇报,现场研究解决学校扩建过程中遇到的困难和问题。市委领导强调,要高标准高水平规划、扩建,进一步完善规划方案,使项目规划建设跟旧城改造、棚户区改造等规划设计相结合、统一,同时要充分考虑好学校今后几十年的发展规模和前景,做到科学、合理、节约资源;要注重挖掘黉学园的价值和意义,充分体现百年学府的历史渊源和文化氛围,真正把F高级中学建成民族地区名校。

2022年5月6日,崇左市委领导在市教育局有关人员的陪同下到崇左市F高级中学开展城区教育项目建设专题调研。调研中,市委领导首先强调了崇左市F高级中学的黉学堂是拥有600多年历史的难得的文化遗产,是物质与精神并重的宝贵财富,以及学校深厚办学底蕴的重要见证,崇左市F高级中学要以115周年校庆的举办为契机,结合当前的教育教学实况充分挖掘黉学文化的当代价值并充分发挥其育人育才功能。其次,市委领导表扬了崇左市F高级中学学生食堂的合理设计、就餐的舒适环境和规范的运营管理,保障了学生的饮食健康。同时,要推进田径运动场建设,力争尽快投入使用,以便为学生提供良好的运动场所。最后,市委领导还询问了高三复习计划、复习进度、学生备考心态以及今年高考的预期目标等,指出学校要以学生为中心,提升管理和服务水平,扎实抓好备考工作,助力高三学子圆梦大学。此外,要求学校主动向区内外一流学校学习,借鉴他们的先进经验,精心谋划课堂教学改革,切实抓好教师业务培训,不断提高教师教学水平,确保学生的全面发展。市委领导率队的此次专题调研活动充分体现了市委、市政府以及市教育局对崇左市F高级中学发展建设工作的高度重视和大力支持,也为学校未来的发展指明了方向和工作的重心。

(二)校内外的学习、交流与合作

2013年11月6日至8日,广西基础教育名师工程高中理综组学员一行8人莅临崇左市F高级中学开展现场研修活动,他们以专家主题讲座、名师示范课堂、学科教学研讨以及深入课堂听课指导等灵活多样的教研形式,给学校的班主任及理综类学科老师带来了教育研究和学科教育教学新观念、好方法,为F高级中学进一步深入拓展新课改注入了推动力和强心剂。

2014年7月11日至19日,崇左市F高级中学10名学生到湖南省中南大学参加青少年高校科学营湖南科学营活动,不仅了解到许多先进的科学技术,接触到许多优秀的先进人物,学到许多科学知识,还认识了来自我国的台湾和香港地区的朋友。青少年科学营活动给学生们传递了许多正能量,让大家在今后的生活中有更多的勇气去探索不可思议的科学世界。

2015年7月3日,广东省湛江市第四中学到崇左市F高级中学考察调研,两校领导及教师就校园常规管理、教育教学事项等内容进行了友好交流,双方交换了在校园工作上的工作经验与心得,双方都表示愿意结成兄弟学校,长期合作,加强交流。

2015年12月4日,北海市高级中学—崇左市F高级中学"同课异构"教研活动顺利举行。本次活动以"校际联动、同课异构、打造生命对话课堂"为主题,旨在通过两所学校的相互联动,在同课异构中共同探讨如何激活高中语文文本的生命、如何挖掘语文文本的价值。教研活动中,崇左市F高级中学Z老师与北海市高级中学Y老师以《采薇》为上课科目,充分展示了语文教学如何挖掘诗歌的经典意味与价值。崇左市F高级中学的L老师与北海市高级中学的L老师则以《伶官传序》为例,传达了语文之美。四节课上完后,北海市中学的特级教师Y老师做了精彩的评课,同时也做了以《新课程理念下的高中语文阅读教学有效策略》为题的报告。Y老师旁征博引,运用了大量的专业知识与现实案例向大家阐释了新课改转型期下,语文教师如何指导学生进行有效阅读。Y老师渊博的知识与严谨的学术风范使在座的教师获益匪浅。

2017年1月22日,在共青团崇左市委员会的组织下,崇左市F高级中学成功举办了"2017年广西在京(外)大学生返乡高考经验交流会"。此次交流会邀请到了来自崇左市的优秀毕业生、中国人民大学的S同学,她介绍了中国人民大学的基本情况,并分享了丰富多彩的大学生活,强调大学对个人成长的重要性,鼓励高三同学树立高远的目标。同学们听得津津有味,对大学充满了向往。随后她结合自身情况,跟同学们分享了自己在高中阶段的学习生活经验及备考心态等,为同学们指明了方向,提高了同学们的学习积极性。最后,在互动环节中高三同学们争相举手提问,请教高考复习的妙招,S同学耐心地解答了同学们学习、生活方面的困惑,场面非常热闹融洽。本次交流活动旨在通过大学生们分享自己的学习生活经验,让高三学生更好地了解大学、高考,缓解备考压力,树立信心,满怀壮志地朝着理想中的大学奋斗。

为点燃高三学生的学习激情,努力备战2017年高考,2017年3月25日,崇左市F高级中学邀请了武汉工程大学硕士生导师L教授为高三师生做了题为《点燃激情,决战高考》的励志演讲。L教授结合自身成长经历,激励同学们克服畏难情绪、激发斗志、燃起备战热情,勉励同学们树立信心,明确目标,挖掘潜能,勇于前行。L教授的演讲激情幽默,妙语连珠。在L教授的引导下,同学们踊跃跑上主席台与其他同学分享自己的梦想。主席台上,L教授鼓励同学们大声地说出心中的理想大学,并坚定地向着自己的理想前进。最后,L教授带领全体同学集体宣誓,为成功呐喊,为自己加油,铮铮誓言响彻校园上空,成为高考决战冲刺的号角。此次活动,增强了同学们的高考信心,激发了他们为梦想而拼搏的斗志。

为推进课程改革、拓展素质教育视野与渠道以及激发初中学生坚定考取目标高中的信念,2021年11月5日,崇左市江州区民族中学初三年级196班师生及家委代表至崇左市F高级中学开展以"走进F高中,放飞青春梦想"为主题的研学活动。崇左市F高级中学团委书记N老师向来参加研学的学生及家委代表详细介绍了F高级中学深厚的办学底蕴、一流的硬件设施、优质的师资团队、卓越的办学成果、丰富的文化活动及特色的办学名片,让到访嘉宾全面系统地了解了F高级中学的内涵发展,希望同学们在未来的学习生活中坚定心中的理想目标、找准自己的定位并认真做好生涯规划,以积极乐观的心态、不怕吃苦和敢于直面困难的精神备战中考,为将来考上理想的高中、进入更好的大学打下坚实的基础。崇左市F高级中学部分学生给到访的嘉宾分享了他们的学习经历以及在F高级中学的学习与生活体验,希望学弟学妹们趁着美好的青春努力向前跑,成就未来骄傲的自我。对到访的学生与家委代表来说,这次研学活动也是一曲催人上进、成就自我的战歌。

为贯彻落实国务院办公厅和自治区人民政府办公厅关于新时代推进普通高中育人方式改革的相关文件精神,并切实抓好普通高中新课程新教材的实施工作,2021年11月12日由崇左市教育局部署、崇左市F高级中学牵头组建的崇左市县七所普通高中新课程新教材实施学校发展共同体(以下简称:七校发展共同体)在崇左市F高级中学隆重召开第一次全体会议。会上,七校发展共同体成员就高中新课程新教材实施工作推进情况依次进行汇报发言,畅谈在新课程新教材实施工作过程中存在的实际问题,如部分学科教师仍极其短缺、有关五育并举的配套设施还不完善、存在教育教学实践"穿新鞋走老路"现象等,因此今后七校发展共同体的重要工作需要注重教育教学的实践研究、探索解决途径以促进新课程新教材工作的顺利实施。崇左市F高级中学领导最后发言强调,七校发展共同体今后必须明确四项任务:①组建发展团队、确定建设项目、优化建设机制并凝练建设成果;②在新课程新教材实施中共同探讨和交流难点、重点和热点等问题;③群策群力促进普通高中学校多样化特色发展;四是确保学生全面与个性协调发展。七校发展共同体全体成员在《崇左市县高中七校开展普通高中新课程新教材实施学校发展共同体建设方案》征求意见稿上达成共识，并一致认为只要各方资源共享、优势互补并加强合作，定能实现各方的大发展。

2022年1月13日，崇左市F高级中学2021级400多名师生走进崇左市白头叶猴研究基地，开展为期两天一夜的研学活动。研学内容涉及参观白头叶猴博物馆、篝火晚会、砍收甘蔗、古法熬制红糖等，让师生们学习到了一般的野外调查方法，增强了保护动物与保护自然的信念，体验了团队协作的力量和劳动的快乐，不仅促进了学生的全面发展和综合素质的提高，也切实推进了学校的新课程改革。

2022年7月16日，华东师范大学支教团队13人至崇左市F高级中学开展为期一周的暑期夏令营活动，以此达成凝聚青春力量、担当青年使命、搭建东西部"教育纽带"和共建教育实践基地的目标。崇左市F高级中学副校长给支教团队员介绍学校办学历史、办学成果等，希望通过这次活动增进两校的了解、互帮互助、携手并进、收获成长并共同发展。支教团队员分享了他们的求学经历、华师育才、人生价值追求的事迹，给崇左市F高级中学学子带来了活力、经验与梦想。崇左市F高级中学期待拓宽和深化两校在教育教学等方面的校地合作与交流，进而助力崇左市基础教育的跨越式发展。

(三)家校合作及社区互动

2015年12月6日，崇左市F高级中学高一年级召开秋季学期家长会。此次家长会的主题是"让优秀成为习惯，共同筹划美好人生"，旨在强化学校与家庭、教师与家长、家长与子女的联系。家校联系工作是崇左市F高级中学育人工作的重要内容，学校召开家长会，目的是将学生的情况及时反映给家长，通过学校与家长的联动解决学生存在的问题，共同为学生筹划美好人生。

为深入贯彻党的十九大精神，弘扬中华优秀传统文化，迎接新春佳节的到来，同时为进一步落实"培养有爱心，有担当责任的崇高人"的育人目标，2020年1月12日，崇左市F高级中学组织开展以"我们的中国梦——文化进万家"为主题的走进社区送对联志愿活动。学校优秀教师H老师、N老师、Q老师、X老师、Y老师以及优秀学生代表1715班F同学作为主要的书写对联人为社区居民带来一幅幅红彤彤、暖人心的春联。

2021年11月16日，崇左市F高级中学34位师生前往崇左市江州区福利院开展"情系福利院 礼敬夕阳红"为主题的志愿服务活动,弘扬中华民族敬老、尊老、爱老、助老的传统美德,增强社会责任心,落实立德树人的根本目标并给老人献上一份爱心与关怀。通过与老人聊天交谈,讲养生小知识,为老人打扫卫生,帮老人制作午餐,清理庭院杂草,表演歌唱节目,送上暖心的袜子等,让师生体验了尊老、敬老、爱老、助老的责任,也让学生拓宽了思想品德的养成途径和身心健康成长的内容。

2022年10月24日,崇左市F高级中学邀请家委会代表到校参与学校食堂食材采购验收督查并深入高二课堂听课,以此推进家校合作、提升家校共育水平工作。

(四)社会助学及其他活动

为了贯彻落实党的十八大精神、自治区职教办以及市教育局关于2012年城镇学校教师支援农村教育工作的相关文件精神,2012年12月26日,崇左市F高级中学教师一行16人在学校党总支书记的带领下,赴校党组织"结对共建,先锋同行"签约单位天等华隆中学开展"送教下乡""送课到校"活动:①向华隆中学捐赠电脑、体育器材以及校刊《文笔山》;②L老师、W老师、Y老师、C老师分别上一节初中数学、英语、物理以及体育课;③交流探讨。通过听课评课,两校的领导、老师在初中与高中课程的衔接教学方面取得了共识,同时也就学校管理、师资建设、教科研等方面进行了探讨和交流,这将为两校的共同提高、全面发展打下坚实的基础。随后,类似的支教活动陆续在天等驮堪中学、江州区那隆中学展开。

2013年4月22日,上海宏志教育推广基金发起人都市置业集团总裁及资助人等一行11人莅临崇左市F高级中学看望在校的全体宏志班师生。在与宏志班师生的座谈会上,都市置业集团总裁肯定了F高级中学一贯以来承办宏志班的认真负责态度和取得的显著成绩,承诺在崇左F高中已开办七届宏志班的基础上,继续开办宏志班至满十年,并且根据崇左市辖区家贫学优的宏志生生源比例较高的实际情况,宣布今年起将在F高级中学增加开办一个宏志班,即F高级中学2013级宏志班招生将由原来的50名增加至100名。会后都市置业集团总裁一行亲自到扶绥岜盆乡驮辽村驮辽屯的宏志生G同学家中进行家访。都市置业集团总裁及资助人此行还专程慰问看望了2006级、2007级、2008级在南宁高校就读的36名宏志班大学生。

2017年4月25日,宏志教育推广基金成员再次莅临崇左市F高级中学,专程看望全体宏志班学生并走访宏志生家庭。座谈会上,宏志教育推广基金的Y先生深刻诠释了"宏志"精神,并希望宏志生们用实际行动让宏志精神得到传承、发扬。L先生分享了自己求学、创业的艰辛历程,阐述了自己致力宏志班资助的缘由,表达了自己奉献爱心、回报社会的愿望与初衷,并希望同学们能将这份爱心传递下去。F高级中学校长对L先生与Y先生不远万里坚持每年来校看望宏志生表示诚挚的敬意,对他们始终坚持无私奉献、真诚相助的爱心精神表示由衷钦佩,并对宏志班学生们提出殷切希望,希望他们努力学习,涵养人格,成长为德智体美劳全面发展的学生,做一个勇于担当的人,并学会感恩,力争回报社会。F高级中学校长表示学校会将宏志精神传播至所有其他学生身上,让宏志精神成为优秀的共性,成为所有学生共同具有的稳定精神特质。座谈会后,L先生一行到宏志生家中进行家访,亲切慰问学生的父母和家人,并仔细询问了宏志生H同学、Z同学的生活、学习情况,提出殷切希望,鼓励他们克服困难,在逆境中自强不息、刻苦学习,争取以优异的成绩,回报父母、回报学校、回报社会。

二、百色市G高级中学

百色市G高级中学创办于1962年6月,2002年被确定为自治区首批示范性普通高中。在半个多世纪的办学历程中,百色市G高级中学一直秉承"崇德、敬业、扎实、高效"的教风,坚持内涵发展,内外兼修,形成了一支师德好、专业基础扎实、能力强的师资队伍。百色市G高级中学学子志存高远,团结进取,优异的教育教学业绩享誉八桂。新时期的百色市G高级中学正朝着"现代化、示范性、广西一流、全国知名"的目标昂首迈进。

在教育国际化背景下,百色市G高级中学一直积极探索基础教育共同体的有效构建问题。

(一)各级领导的热心关注

2014年5月31日,百色市委、市政府领导率队到百色市G高级中学视察指导工作。市委、市政府领导一行巡视了校园,听取了校领导的工作汇报,对学校取得的工作成绩予以充分肯定。市委、市政府领导还特别对即将到来的高考给予关注,叮嘱一定要做好充分准备,确保高考顺利进行,并期待G高级中学高考再创佳绩。

第三章 广西教育国际化背景下的基础教育共同体建设的践与思

2015年2月25日,自治区教育厅及百色市政府、市教育局的领导一行到百色市G高级中学视察工作。教育厅、市政府、教育局的领导听取了学校负责人关于G高级中学教育教学的成绩、现状和展望的汇报,参观了校园和新校区建设工地。领导们对G高级中学这些年取得的一系列成绩予以充分肯定,鼓励G高级中学抓住机遇再接再厉,扎实推进基础教育,争创新佳绩。

2016年1月21日,百色市人民政府应急管理办公室有关人员到百色市G高级中学开展校园安全工作调研。调研小组一行三人在市教育局安稳办负责人的陪同下实地检查了校园,听取了工作人员的汇报,对校区存在的亟待解决的重点、难点问题进行了调查和梳理。在校园应急工作汇报会上,调研组认真听取了G高级中学N副校长对进一步加强学校安全及应急工作的汇报,对学校在军训期间培养学生救生技能的工作表示肯定,同时对部分问题提出了要求。调研小组强调指出,安全稳定、和谐文明的校园环境是广大师生员工从事日常教学科研活动与生活的重要保障,是学校快速发展的重要基础,不仅需要拥有完善的应急预案作为学校安全的保障,同时要加强学生安全教育、重视技防设施建设等方面,切实做好工作,创建和营造良好校园环境。防患于未然,保障人员及财产的安全和教育教学工作顺利进行。最后,调研小组对G高级中学的校园安全工作总体满意,给予了充分肯定。

2016年4月13日,财政部教科文司相关负责人在百色市政府、市财政局、市教育局的有关领导陪同下一行6人到百色市G高级中学开展教育脱贫攻坚调研工作。在详细了解G高级中学贫困生资助来源情况及落实情况后,肯定了学校开设郑柱成少数民族班、郑柱成爱心助学传承班、冯志强民族班、政府助学班等特色助学班的举措,并鼓励G高级中学充分利用扶贫政策,发扬特色助学,继续做好贫困生资助工作。

2016年12月15日,自治区教育厅领导一行在百色市委、市教育局有关人员的陪同下到百色市G高级中学进行视察。教育厅领导一行参观了校园,跟学校领导亲切交谈,充分肯定了学校在基础建设、教育教学等方面所取得的成绩,并给学校指明了发展方向。

2018年12月12日,庆祝广西壮族自治区成立60周年中央代表团第一分团在团长的带领下,来到百色市G高级中学看望慰问学校师生。代表团一行首先参观了学校校史馆。百色市教育局领导介绍了学校的办学情况和办学特色。代表团团长对学校建校以来在民族教育、办学特色等方面取得的成绩给予充分的肯定。代表团一行随后走进高二圆梦班,与师生进行了亲切的交谈,勉励同学们要刻苦学习,不断增长本领,积极锻炼身体以更好地成长成才,努力实现自己的人生理想,今后报效家乡、报效祖国。中央代表团一行莅临G高级中学参观慰问该校,对学校的教育教学工作给予高度赞扬和充分肯定,在全校师生中引起强烈反响,极大地鼓舞了广大师生工作、学习、生活的热情。大家纷纷表示要努力践行全国教育大会精神,潜心立德树人,锻造高尚师德,力争成为"四有"好教师,为培养德智体美劳全面发展的社会主义建设者和接班人而努力奋斗。

2019年9月4日,中央电化教育馆一行三人到百色市G高级中学开展教育信息化教学的调研与应用指导工作。座谈会上,百色市G高级中学相关负责人详细介绍了学校教育信息化教学应用方面的当前情况以及未来的探索设想;教师代表畅谈了自己在日常信息化辅助教学应用中的经历、感受和建议;中央电教馆研究部领导对百色市G高级中学参评2018年度基础教育信息化应用典型案例项目工作进行深入到位的点评,希望学校做好顶层设计,立足区域实际,讲好百色革命老区红城名校的信息化故事以突出亮点与特色;杭州师范大学Z教授对百色市G高级中学参评2018年度基础教育信息化应用典型案例项目工作提出了注意课程创新、学法创新、教法创新、技术创新、服务创新、评价创新,展现特色等专业性的指导建议。百色市G高级中学表示将通过中央电化教育馆本次教育信息化教学的调研与应用指导工作开展积极的探索,进一步推动学校教育信息化的转型与升级,并依托加快智慧校园建设形成学校教学理念更先进、教学方式更丰富、课堂学习更高效、评价机制更健全以及业务管理更便捷、校园生活更精彩的可喜局面。

2021年6月1日,百色市政府、市教育局、市机要保密办、市公安局、市卫生健康委、市场监管局、市疾控中心、市无线电监测中心等部门领导一行到百色市G高级中学检查指导高考考前准备工作。检查指导组对百色市G高级中学高考考点的准备工作给予了充分肯定,同时要求学校继续保持强烈的政治意识和高度的责任感,坚持以考生为本的原则周密做好考点的各项准备工作,进一步完善考试环境并将人文关怀融入每一个工作环节、每一个生活细节,切实保障广大考生和工作人员的身体健康和生命安全,有力确保考生满意、家长放心,让考生发挥出应有水平。

(二)政府及其他部门机构的配合

为进一步加强学校防治艾滋病宣传教育工作,提高学生预防艾滋病的知识水平,2015年3月25日,百色市防治艾滋病工作办公室领导到百色市G高级中学作防艾宣传讲座,各班班主任及部分教师、校医共50多人参加了此次讲座。百色市防治艾滋病工作办公室领导就艾滋病的病理、危害、传播方式及预防措施等方面做了全面的讲解,并结合真实案例和震撼人心的数据,介绍了防艾的形势,给参加讲座人员留下了深刻印象;他希望老师们积极策划,采取多种形式开展本校的艾滋病宣传教育活动,把艾滋病防治知识传递到班级每一名同学,引领学生珍爱生命,远离艾滋。教师们在讲座中对"什么是艾滋病""艾滋病症状""如何防治艾滋病"有了更深入的了解,掌握了"触动学生主动学习和掌握防艾知识、技能"的切入点,纷纷表示愿意积极配合并加入防艾宣传队伍,在日常的教育教学中加强防艾宣传,共抗艾滋,共担责任,共建抵御艾滋病的健康长城。

2017年4月13日,由最高人民检察院、教育部联合组织的"法治进校园"全国巡讲活动广西百色站在百色市G高级中学大礼堂开讲。本次讲座以"预防校园暴力、预防网络犯罪和网络安全教育"为主题,旨在增强同学们自觉守法意识和提高拒绝网络诱惑的能力,预防校园暴力欺凌事件发生,保障未成年人健康成长。河南平顶山市人民检察院湛河区检察院的两位讲师分别为同学们上了一节精彩的法治课,他们通过讲述事例、解析法律、情景再现、互动问答等方式,为同学们带来了一些法律知识。本次大型法治进校园巡讲活动形式新颖、内容丰富,使同学们获益匪浅,大礼堂里,同学们高举起手,积极参与每次问答及游戏环节。相信在广大师生、家长及社会各界的相互配合、共同努力下,G高级中学学生将增强用法律保护自己的能力,真正认识到法治对于每一个人的重要性,努力做一个知法、懂法,并会用法的百高人。

2018年4月4日,江苏中远助学帮老基金会理事长携清华、人大、北航、传媒大学的优秀学子一行9人到百色市G高级中学与"圆梦班"师生进行座谈交流:G高级中学校党委书记详细地介绍了"圆梦班"开班后各方面的情况;"圆梦班"同学就自己在高中学习阶段遇到的一些问题积极踊跃地向优秀学长请教,来自清华、人大、北航、传媒大学的四位优秀学长给"圆梦班"的同学做了详尽的回答;自治区教育厅资助办领导做了热情洋溢的讲话;江苏中远助学帮老基金会理事长也对"圆梦班"同学发表了激励人心的讲话。

2019年9月1日,为了贯彻落实"普法教育"的方针,提高学生自觉守法和自我保护意识,切实保障学生人身安全和校园安全,百色市G高级中学邀请百色市检察院L检察长到学校大礼堂开展"开学第一课——法治进校园"活动,百色市教育局副局长、G高级中学校长、高一年级1200余名新生参加了此次活动。L检察长以"与法相伴、健康成长"为主题,为同学们带来了一堂别开生面的法治课。在观看完微电影《微光》后,L检察长带领同学们进入"法律小课堂",通过对各种类型的案例进行分析,揭示了违法犯罪的危害性。最后,L检察长对同学们提出期望,期望同学们能够与法同行,健康成长,做一个合格的公民,在最好的青春年华绽放独有的光彩。同学们认为这次的法治教育课内容丰富精彩,案例发人深省,梁检察长的语言诙谐幽默,与大家的互动氛围也十分轻松热烈,极大激发了大家的遵纪守法意识,表示一定会从小事做起、从自身做起、从现在做起,做到学法、知法、懂法、用法、遵法、守法,把法治时刻记心中,让法治伴自己健康成长!

(三)校际内外交流与合作

2013年3月14日,加拿大安大略省皮尔区公立教育局代表团访问百色市G高级中学。加拿大安大略省皮尔区公立教育局代表团成员、加拿大智泽咨询策划公司代表、百色市教育局领导、百色市G高级中学代表共济一堂,筹划双方合作事宜,展望合作远景。百色市G高级中学与加拿大皮尔教育培训中心举行了合作办学签约仪式,决定将在百色市G高级中学开办中加班。该项目是百色市高中学校首个中外合作的办学项目,对百色推进教育改革发展具有里程碑式的意义。G高级中学将以此次中外合作办学为契机,进一步学习和借鉴国际先进教育理念、教育方法和教育经验,为百色教育更上层楼做出更大贡献。

2013年4月12日,广西柳州地区民族高中教师一行到百色市G高级中学访问交流。来宾们观摩了G高级中学高三年级的交流课,包括语文、数学、英语、政治、历史、地理、生物和物理共八个科目的教师进行了深度交流,双方交流的主题是高三备考最后阶段的具体做法、各科目教师的经验、班主任工作等。柳州地区高中在高考方面的独到思路和经验也给了百色市G高级中学高三教师很大的启发,相信双方的此次交流对促进学校的高考冲刺会大有裨益。

2013年6月13日,广东省肇庆市德庆县香山中学教师50余人到百色市G高级中学参访。学校领导介绍了学校的办学情况,双方进行了交流,来宾们还兴致勃勃地参观了 G 高级中学的校园。14 日，云南省蒙自高中教师 30 余人到百色市 G 高级中学访问交流。双方主要就 2013 年高考、教学经验、学校管理、新课程改革等诸多议题展开交流探讨，在众多领域里取得共识。

2014 年 1 月 17 日，贵州黔西南州教育局考察团一行 12 人到百色市 G 高级中学开展考察交流活动。考察团参观了学生公寓、学生食堂、图书馆和校史室，来宾们对百色市 G 高级中学的教育软硬件建设赞誉有加，双方还就中学教育教学工作进行了广泛交流。

2014 年 3 月 7 日，百色市那坡县德隆乡初中师生一行 40 人到百色市 G 高级中学考察学习。来宾由德隆初中校长带队，该校的毕业班相关管理人员及 30 名 2014 届毕业班优秀学生在百色市 G 高级中学领导、老师的引领下，先后参观了食堂、学生公寓、图书馆和校史室等校园设施，并听取了毕业班日常管理、学生励志教育等相关事宜的介绍，师生们还一起体验了 G 高级中学的生活和学习情境。通过此次校际交流，来宾们进一步加深了对百色市 G 高级中学教育环境和文化氛围的了解。

2014 年 3 月 28 日，广西防城港高中高三年级部分学科教师来到百色市 G 高级中学访问交流，与百色市 G 高级中学高三相关学科组备课组长展开座谈，随后相关对口教师随堂听课，科目包括物理、化学、生物和体育，课后双方教师就关心的问题进行了探讨交流。此次交流让双方教师开阔了视野，拓展了教学思路，获益良多。29 日，百色市西林中学和凌云泗城初中师生先后到百色市 G 高级中学参观考察。两校的毕业班教师和学子游览了百色市 G 高级中学的花园式校园，参观了图书馆、学生公寓、食堂等学习生活设施，听取了百色市 G 高级中学校史及办学成果介绍。

2014 年 5 月 16 日，广州大学专家组在市教育局领导陪同下来到百色市 G 高级中学开展广州对口帮扶师资培训工作调研活动座谈会。广州大学专家组一行 5 人由广州大学副校长 D 教授领队，市教育局 Q 副局长以及百色市 G 高级中学、祈福高中、百色民高的领导教师等参加座谈。此次调研活动主要是对校长、教师培训取得的好经验好做法进行总结，吸取经验，扬长避短。同时，为了今后更好地开展对口帮扶培训工作，提高培训的针对性和实效性，专家组诚恳征求了今后的培训需求以及对口帮扶工作的意见和建议。此次调研活动期间，专家组还走访了田阳、右江区和靖西等地的学校。

2015年5月6日,百色市G高级中学青年读书会成员来到田阳高中进行学习交流。此行最重要的活动是上课、评课。上午第三、第四节,两校教师开展了生物、英语、物理等学科的同课异构活动。同样的教学内容,同样的教学环境,不同的教师各自使出浑身解数,展示了不同的风格。同课异构之后的评课交流更是让两所学校的教师们增加了对于彼此教学和两校学生学习情况的了解,大家相互学习,共同进步。座谈会上,百色市G高级中学Z副校长、田阳高中L校长等领导老师给两所学校的青年教师做了一番语重心长而又精彩纷呈的讲话,大大鼓舞了青年教师的信心,为他们指引了前进的方向。此次外出交流学习活动,通过"走出去"让百色市G高级中学青年更真切地看到了自身的地位与水平,更加踏实地将自己投入到认真读书、不断学习、好好工作的人生历练中去。

2016年11月1日,以越南高平省教育培训厅副厅长为团长的教育卫生代表团一行10人在百色市教育局局长及有关领导的陪同下到百色市G高级中学考察访问。他们此行的目的旨在进一步扩大双方在教育领域交流合作的范围,巩固深化合作成果,提升合作层次水平,就双方开展学校间的师生交流、教师交换及留学、进修、培训等问题进行交流商讨。相信中越两国的此次合作交流能促进双方教育、卫生等方面的全面发展。

2017年7月1日,云南弥勒一中党总支一行48人来到百色市G高级中学参观学习并开展党建工作交流活动。本次交流活动旨在增进两校友谊,共同探讨和交流学校党建工作的管理策略和方法,让两校在党建之路上携手共进,使双方取对方之长补已方之短,以促进党建工作的长足发展。

2017年10月18日,广西藤县第一中学的领导和高二、高三年级教师一行54人抵达百色市G高级中学开展考察交流活动。百色市G高级中学相关领导热情迎接远道而来的客人们,并陪同藤县一中的领导、老师们参观校园。第二、第三节课时间,藤县一中的老师们分别到百色市G高级中学高二年级听取数学、化学课,到高三年级听取政治课、历史课、地理课和英语课。上午第五节课时间,藤县一中老师和百色市G高级中学的老师们分组开展座谈交流会。交流会上,两校老师们先后介绍了自己在学科教学中的一些先进经验与做法,对今后如何突破学科教学的瓶颈问题进行了深入的探讨与交流,实现了畅所欲言、互通有无与共同进步,为今后两校的更大发展奠定了基础。

2017年10月20日,广西师范大学L副校长、生科院L副院长等一行5人莅临百色市 G 高级中学调研学生的教育实习工作。L 副院长、数统系实习生以及百色市 G 高级中学高二组数学老师一起听取了数统系吕某、张某两位实习老师的实习汇报课。课后，L 副校长和百色市 G 高级中学数学老师们一同对这两节课做了点评。座谈会上，师大 L 副校长发表讲话，表达出对百色市 G 高级中学的感谢之情，对各位实习生后阶段实习工作提出了具体的要求。百色市 G 高级中学校长在讲话中也对广西师范大学一直以来对 G 高级中学教育教学工作上的支持和帮助致予衷心的感谢，并希望两校的友好合作能一直长久发展。

为了贯彻落实百色市教育局《关于印发举办百色市对口帮扶高中班工作方案的通知》（百教〔2017〕9 号）文件精神，开发、利用、共享市直高中优质教育资源，促进均衡发展，全面提高田林县高中阶段教育教学质量，2017 年 10 月 20 日至 21 日百色市 G 高级中学五位骨干教师来到田林高中进行本学期第一次教学教研指导，并对"G 高级中学班"学生进行授课和辅导。G 高级中学的五位老师参加了田林高中高一年级语文、数学、英语、物理、化学的备课组会议。在会议上，百色市 G 高级中学的老师和田林高中老师一起对田林高中"G 高级中学班"的教学进行愉快的交流、探讨，并对田林高中高一年级语文、数学、英语、物理、化学科目的教学计划的制定作出指导。

2017 年 12 月 12 日，广西贵港市达开高级中学的领导和高三数学、英语、生物、政治、历史、地理、体育等七个科目的老师莅临百色市 G 高级中学开展考察交流活动。交流会上，两校老师就高三备考情况展开愉快交谈。交流会上两校老师畅所欲言，互通有无，彼此学习。今后，两校将会继续交流，共同学习，为推动两校的教育教学发展而努力。

2017 年 12 月 21 日，百色市 G 高级中学高二、高三鸿志班师生集中科技楼会议室聆听贵州兴义八中 P 校长的报告。P 校长是兴义八中的学科带头人、贵州省教育界的带头人，多年来高考成绩显著。报告中，P 校长先用"蔚蓝的天空""坚实的步伐""田忌赛马""熊熊的烈火"四个词语来概括他报告的主题。接着具体讲述优秀生应该怎样去学习，让自己在优秀中不断超越。P 校长先讲述贵州学子、贵州兴义八中学子因为胸怀梦想而超越自己、改变命运的两个真实故事，用励志的故事来告诉同学们，梦想可以催人奋进，不懈努力。有了梦想的激励之后，还需要有坚实的步伐——行动。P 校长告诉同学们，作为优秀学生要做到：训练时，题目数量要足够多，要拓宽练习的广度和深度；时间上，要把自己的自习时间、闲暇时间充分利用好;课后,要学会自己去钻研,要依靠老师和学习小组去解答自己的难题。接着,P校长还告诉同学们,光是勤奋地钻研和做题还不够,必须做到注重技巧,学会运用"田忌赛马"策略。P校长与老师、同学们分享了自己的一些做题技巧,例如:用多套试卷来给学生分组做题,让学生自己寻找"巧题""新题""难题""经典试题"等,然后汇合成一套试卷来全体共享。最后,P校长还勉励同学们在高中三年艰苦的学习中,作为优秀学生,时刻要在心中点燃熊熊的烈火,即要有坚强的意志,要有无畏的勇气,这样才能克服来自学习方面的困难,才能让自己无畏、忘我地勇攀学业上的高峰。P校长的讲座精彩而深刻,既有思想引领,又有真实事例、具体做法,给百色市G高级中学鸿志班师生在今后的教学和学习中指明了方向。

为促进两校在友好沟通中共同提高教育教学质量,2018年1月12至14日深圳中学W副校长、Y副主任、C老师、L老师、Y老师一行5人来到百色市G高级中学开展交流活动。交流会上,深圳中学的三位教师毫无保留地介绍了本校语文、数学、英语科的高考备考经验,两校老师就高三备考情况展开愉快交谈。深圳中学W副校长介绍深圳中学的教学管理方式、教学规划。Y副主任介绍深圳中学尖子生培养的具体做法,C老师、L老师分别介绍深圳中学语文、英语学科的教学方式。最后,两校老师就如何做好新课改的相关工作,如何打造高效课堂,如何进行尖子生的培养等问题做了愉快的交流。百色市G高级中学衷心感谢深圳中学领导、老师到校传经送宝,相信在深圳中学的指导和帮扶下,G高级中学师生定能积极奋勉,为提高教育教学质量而努力。

2018年4月23日,广西北海中学领导及高三年级骨干教师一行20人莅临百色市G高级中学开展考察交流活动。座谈会上,两所学校的领导分别介绍了本校的办学特色、高考复习的备考策略,高三语文、数学、英语、物理、化学、生物科的备课组就目前的高考备考情况畅所欲言,互通有无,彼此学习。

为顺应新课程改革的发展趋势,充分利用深圳中学的优质教育资源助推学校教育教学工作的有效开展,2018年5月22日至25日由百色市G高级中学课程办组织策划、校领导带领学校的语、数、英、理、化、政、史、地等八个学科十八位教师赴深圳中学考察学习。本次活动先后参观了深圳中学校园,听取了该校校长的有关介绍并接受校长赠书。随后,全体老师观摩了三节青年教师优质课,并与深圳中学的高三年级科组长展开了深入交流。整个活动收获满满:①极大开拓了老师的视野,被具有国际眼光的深中深深震撼;②引发老师们诸多思考,更加明确了教育改革的实践方向;③增强了践行课程改革的信心,更加有决心和勇气进行教育教学改革实践。

2019年3月20日至23日,百色市G高级中学作为全国中学教育科研联合体(以下简称"科联体")的理事学校接受科联体的邀请,选派本校四位教师参加了科联体在河南举办的"新时代、新作为、新实验"学习交流活动。活动协办单位主要有郑州中学、河南省实验中学、开封市教研室和教科所、兰考中学等,参加人员来自北京、上海、吉林、湖北、河南、广西、广东、四川等不同地区。本次活动是一场南北教育教学科研学习交流的盛事,学习交流活动丰富而紧凑,主要活动有十几场专家报告会、27节现场课和说课比赛,以及科联体对成员学校开展课题研究办学成果表彰和对2019年"新时代、新作为、新实验"的研究实验课题的构想与交流。通过本次活动,老师们不仅展示了学校的教育新理念和优质的教学水平,而且还带回了省内外名校在新形势下学校管理和教育教学上的新理念、新思想和新策略。相信百色市G高级中学在新高考、新课改形势下的教育教学实践的研究将会取得新进步。

2019年6月13日,澳门教育暨青年局教育考察团一行39人到百色市G高级中学考察交流。访问团一行对百色市G高级中学的校园环境建设表示了高度的赞赏,其五十多年的办学历史与成绩也给访问团留下了深刻的印象。座谈会上,访问团说明此行的来意并简要介绍了澳门教育的概况;双方就"课程改革和开展的具体情况""优秀教师的培训及培养""爱国主义教育"等方面的工作进行了有益的沟通与交流。本次活动增进了百色市G高级中学与澳门教育追梦人彼此之间的了解和感情,双方表示在新时代的伟大征程中将不忘初心、牢记使命,携手而行,共同圆梦!

2019年7月23日至8月13日,百色市G高级中学宏志班、北大班学生参加了由北京大学教育学院和北京德信仁教育科技发展中心共同举办的"教育扶智牵手行动"项目活动。百色市G高级中学参与该活动的学生不仅身临其境地感受到了北大名师底蕴丰厚的国学课、轻松愉悦的数学课、风趣幽默的地理课、激情四射的赛车课和文化知识丰富的书法、音乐、舞蹈、电影、京剧等课程,也在军训的汗水中浇灌出了坚强的意志、在辩论赛的激情中迸发出了睿智的火花、在拔河和篮球比赛中激发了斗志并收获了友谊。此次"教育扶智牵手行动"项目活动在百色市 G 高级中学参与学生的心中种下了一颗希望的种子,撑起了一片梦想的蓝天。

2019 年 11 月 14 日至 16 日,百色市 G 高级中学领导带领高一高二部分备课组长到深圳中学、深圳第二外国语学校跟班学习,以此充分利用这两所中学的优质教育资源和学习借鉴他们新高考形势下先进的教育教学管理经验,助推百色市 G 高级中学教育教学的有效开展。在深圳中学,该校教务处 G 主任做了《新高考下基于按需选学的课程建设》的专题讲座,围绕新高考下课程建设的核心理念、实施目标、实施策略等进行了极具针对性的讲解与案例分享,使聆听讲座的百色市 G 高级中学老师们受益匪浅。随后参观该校校长特级教师工作室时被校长开阔的学术视野、丰富的学术实践、广泛的学术交流和高产的学术作品所折服。在深圳第二外国语学校,百色市 G 高级中学老师们观摩了各个科目的课堂教学实况并在课后第一时间进行了评课交流,聆听了教务处 L 主任的《走适合的路,研特色之径,育个性英才》专题报告、高二年级级长 Y 老师的高二年级选课走班介绍和高二年级教学级长 Z 老师的高二年级选课走班全过程分析,不仅让百色市 G 高级中学到场的老师们为深圳第二外国语学校老师们一丝不苟的工作作风、团结务实的工作态度、扎实稳健的工作方向点赞,也给即将进入新高考的百色市 G 高级中学指明了方向。百色市 G 高级中学领导表示,此次跟班学习收获满满,也获得了诸多思考,百色市 G 高级中学在未来的发展道路上以更宽广的视野、更务实的态度、更扎实的工作去发展,定能迎来更美好明天!

2020 年 12 月 3 日至 6 日,百色市 G 高级中学选派五位教师前往浙江省杭州学军中学参加第九届全国基础教育协调发展学术交流论坛暨全国教师专业发展研讨会。本次课例评比含北京、山东、吉林、湖北、浙江、广东和广西等七个省市的中、青年教师的教学案例,意在交流、探讨教学中跨学科课程整合的策略与方法。百色市 G 高级中学的五位教师在全国名师优质课例展示中分获历史、数学、语文、化学和政治学科说课评比一等奖,也从其他省市已经开展了新课标教材教学实践研究多年的学校学习到了新课改和新高考较为丰富的成功经验,让百色市 G 高级中学参会的教师经历了一轮教育、教学变革的头脑风暴洗礼,他们带回来的信息让百色市 G 高级中学更明确了未来课改的方向,更坚信学校有能力迎接即将到来的新高考改革!

2021 年 4 月 26 日,平果三中领导率领学校业务骨干一行 23 人到百色市 G

高级中学参观交流,力图增进两校的情谊、共同探讨新形势下信息技术教学运用新方法并增进两校的学术交流。平果三中一行对百色市G高级中学的校园环境、班级文化、学生管理、功能室、智慧课堂等建设给予高度评价。研讨会上,首先由百色市G高级中学课程开发办W副主任就使用智慧课堂、大数据精准教学和个性化学习手册的情况进行了重点介绍,然后双方就各自在智慧课堂教育教学过程中发现的问题和产生的心得进行了深入的交流与探讨,最后百色市G高级中学和平果三中的领导就办学理念、办学特色等问题交换了意见,以期进一步推动两校的互相学习、互相借鉴、取长补短与共同发展。

2021年5月10日,百色市G高级中学与湖南大学举行师资培养合作项目签约仪式。该项目源于广西壮族自治区人民政府与湖南大学在2020年11月18日签署的战略合作协议精神,在认真完成科学研究、成果转化、人才培养、社会服务和文化传承等方面的任务背景下,由湖南大学公共管理学院按照高等教育的相关政策和湖南大学的相关教学要求,并根据百色市G高级中学人才培养的需求共同制定的人才培养方案,出发点和落脚点是为百色市G高级中学教职员工的学历教育和培养再造提供智库支持。百色市G高级中学领导强调,该项目的签署不仅有利于百色市G高级中学教师依托湖南大学的教育教学资源进行学历提升、专业能力提升、综合素养提升、教育教学水平的提升,也有利于为大学输送更多优质的高中毕业生。

2021年9月10日,百色市G高级中学隆重举行2021年支教队出征仪式。在出征仪式上,校领导强调,作为首批自治区示范性普通高中的百色市G高级中学理应要为国家推动教育均衡发展做出自己应有的贡献,因此尽管学校的师资力量非常紧缺,但也要派出18位教师支教边远薄弱学校,并要求全体支教队员克服困难,用敬业的精神、专业的水平和务实的态度为受援学校的发展贡献一份光和热。支教教师代表表示,队员们已做好了充分的思想准备,立志把难题当课题,以积极乐观的心态研究新环境、寻找新对策、适应新岗位,以饱满的热情服务受援学校及其每一位学生。

为深入学习黄文秀同志的优秀品质,2021年11月27日,百色市G高级中学组织2020级文秀班师生前往百色市乐业高中高二文秀百高班、自强百高班开展研学活动。座谈交流会上,两校文秀班学生代表分别分享了学习"文秀精神"的方法和高二阶段的学习方法并进行了才艺表演。百色市G高级中学领导充分肯定了同学们的才情，对同学们学习"文秀精神"的方法和学习方法的分享大为赞赏，在深刻地阐释"文秀精神"内涵的基础上殷切希望同学们以"文秀姐姐"为榜样，不忘初心、牢记使命、勇于担当、甘于奉献，以永不懈怠的精神状态和一往无前的奋斗姿态，勇担时代重任，弘扬新时代青年应具有的精神，成为可为、有为的一代青年。

为贯彻落实党中央关于推动巩固拓展脱贫攻坚成果同乡村振兴有效衔接的决策部署，充分发挥教育帮扶阻断贫困代际传递的作用，根据中共中央组织部等八部委关于国家乡村振兴重点帮扶县教育人才"组团式"帮扶工作的要求，百色市G高级中学党委于2022年8月23日选派出七位骨干教师赴隆林民族高中开展为期一年半的教育帮扶工作。出征仪式上，百色市G高级中学领导强调，做好教育人才"组团式"帮扶乡村振兴重点帮扶县工作，是贯彻落实中央部署要求的具体行动，因此对七位骨干教师积极响应国家号召、舍"小家"为"大家"的大局意识和奉献精神表示赞赏和感谢，同时要求他们严格要求自己，加强教师自身管理，并制定目标任务用心做好帮扶工作，推动隆林各族自治县的教育发展。

（四）家校互动

2013年5月4日，来自百色市十二个县区不同行业的二十二位学生家长代表走进百色市G高级中学高一年级学生课堂，以自己丰富的社会阅历、渊博的行业知识，妙趣横生地向学生演绎社会大课程，有效架构家校之桥。2010年以来，百色市G高级中学借鉴美国、加拿大等国中学教育家校联盟的形式，结合本土特点，每年举行"家长进校园讲课"活动，学校每年有计划聘请一个年级家长代表选定专题做好准备，在家长会前到班级给学生做专题讲座。这些讲座拓展学生认识的视野，提升了学生的境界，加强家校联盟，是践行新课程理念的一种有效载体。

为进一步加强家校联系，共同促进孩子的健康成长，更好地开展高考备考工作，2016年3月12日百色市G高级中学组织召开2016届毕业生家长会。G高级中学领导希望家长们多向孩子传递正能量，点燃孩子为前途拼搏奋斗的激情，建议家长舍得让孩子吃苦，培养孩子敢于吃苦、乐于吃苦的精神，除关注孩子的成绩外，还要关注孩子的情绪变化，多给予孩子精神层面的关怀，并希望家长紧密配合学校、老师全力抓好教育教学工作，一起实现梦想，创造辉煌。各班主任则通过对学生在校学习情况的分析与总结，让家长进一步了解孩子在校的学习与生活情况,并针对学生在学习与生活中存在的问题与家长们进行交流与探讨。

为积极响应教育部《关于推进中小学生研学旅行的意见》的号召,2020年5月9日百色市G高级中学2020届部分师生及家长代表共126人到田东长江天成有机蔬菜量化生产示范基地开展为期一天的研学旅行活动。本次活动共有三个环节:天成农业与百色市G高级中学共建"研学实践基地"的揭牌仪式;参观有机产业展示馆、有机产业场区、高智能智慧育苗工厂;优秀校友为2020届毕业生作励志报告。此次研学旅行活动让同学们学有所思,行有所悟,不仅促进了学生进一步了解自然、关注社会、体验生活、增长见识,也激发了他们对农业科技探究的兴趣,激发热爱家乡、热爱自然、热爱生活的情感和奋发学习、报效祖国的热情。相信在各级领导的亲切关怀、社会各界爱心人士的倾情付出和家长的鼎力支持下,百色市G高级中学的"研学旅行"活动一定会越办越好,也一定会成为学校教育教学工作的一道亮丽风景。

为贯彻落实上级文件精神,百色市G高级中学于2021年8月25日至26日分别召开了2019级、2020级关于消除"大班额"问题的家委会会议,共同商讨分班方案。会上,百色市G高级中学主管教研的N副校长首先表达了对与会家长们对百色市G高级中学和年级组工作信任与支持的感激,同时指出消除"大班额"是全面贯彻党的教育方针、全面提高教育质量、扎实推进素质教育的重大问题,是"两基"成果巩固和提高工作的重要前提,也是推进城乡教育统筹与均衡发展以及构建和谐教育的重要内容和重大课题,因此呼吁家长们要站在落实科学发展观、积极推进办学质量、办人民满意教育的高度充分认识彻底消除"大班额"的重要意义及其复杂性、长期性与艰巨性并落实切实可行的举措,加快推进中小学班额控制工作,逐步从根本上解决"大班额"问题。随后,年级组主管教学的副主任向家委会通报了《百色高中消除大班额分班方案》,并就家长们最关心的分班原则、班级人数调整、新增班级科任教师配备等问题一一进行了答疑、讨论与交流,得到了与会的家委会成员一致同意通过该项分班方案的成效。最后,年级各位老师表示将不忘教育初心、牢记育人使命,与家长们携手共商学校发展、学生成长大计,不断努力探索新的教育教学方法,以此不负家长们的信任与支持及助力学生更上一层楼。

(五)其他外力的援助

2013年12月14日至15日,百色市G高级中学广州地区校友在广州举行

2013年联谊会,在广州及珠三角地区工作生活的百色市G高级中学校友(老师和同学)共200多人参加了联谊会。百色市教育局、百色市G高级中学的领导到会致辞。校友陆某、廖某、李某等做主题发言表示,G高级中学是他们学业和事业发展的驱动力,衷心感谢母校的培养。校友们纷纷表示,今后一定会多多关注母校的发展动态,以实际行动回报母校的培养之恩。

2016年11月4日,广西高考语文评卷组组长,广西师范大学教授、博士生导师,央视《百家讲坛》主讲之一L教授应邀到百色市G高级中学讲学,全体语文教师与市内G高级中学帮扶学校的语文教师认真听取了L教授关于《高考与语文的教学》的精辟讲学。L教授的讲学提高了语文教师高考备考水平,增强了教师指导高考的基本能力,进一步提高了百色市G高级中学语文学科教师的专业素养。

2017年11月15日,中国科协"女科学家走基层——广西行"进校园报告会在百色市G高级中学隆重举行。中国医学科学院医学实验动物研究所Q所长、中国兵器科学研究院宁波分院的Z研究员、中科院生物物理研究所C研究员、兰州大学G博士分别做了主题为《呵护人类健康的另类天使》《出彩人生,实现理想》《神奇的一氧化碳》《女科学家是如何"炼"成的?》的报告。百色市G高级中学学生积极踊跃地向科学家提出有关科技、学习、人生理想规划方面的疑惑,科学家们耐心地给同学们做逐一解答。

2017年11月16日,百色市G高级中学在校礼堂举行高一、高二女生青春期健康教育知识讲座。百色市右江民族医学院H博士分享了自己的个人经历,重温高中时代,拉近了与同学们的距离。同时,H博士用徐志摩的一首诗——《偶然》,形象地告诉同学们青春期的特点,并从心理、生理等角度向同学们说明了青春期为什么会出现早恋现象、早恋会对同学们产生什么样的影响以及出现了早恋现象应如何处理等问题,帮助同学们更深入了解青春期。H博士还运用了大量贴近生活的案例,告诉同学们要把握当下,努力学习科学文化知识,以健康的体魄回报给青春一份满意的答卷。同学们认真倾听,积极参与互动,活动取得良好效果,相信同学们一定能够更好地处理青春期出现的各种问题,以阳光的心态迎接更美好的未来。

为进一步深入推进"不忘初心、牢记使命"主题教育,进一步增强广大师生的使命感,进一步实现理论学习有收获、思想政治受洗礼、干事创业敢担当、工作学习肯拼搏的目标,进一步营造风清气正、积极向上的校园氛围,2019年11月27日百色市G高级中学举行"不忘初心、牢记使命"主题教育思政与法治宣讲报告会。中国法学会会员、百色市法学会常务理事围绕"谁是祖国圆梦人"这个主题进行宣讲,他结合自己的亲身经历,以其幽默而通俗易懂的语言为同学们上了一堂生动别致的思政与法治课。他教导同学们在校园内如何遵法、守法、用法,并希望我们在法治阳光的照耀中成长为祖国当之无愧的圆梦人。

2017年12月10日,省老促会会长率北京、广东、香港爱心企业及爱心人士在百色市G高级中学举行捐资助学大会。省老促会会长表达了他对百色市扶贫和教育工作的期望。在其讲话结束后,振华盛世集团等爱心企业、爱心人士代表进行举牌捐款仪式。市教育基金会领导接受捐款牌,并向爱心企业及爱心人士回赠捐款证书、荣誉职务证书。紧接着,爱心企业领导分别向各县(市、区)教育局领导、百色市G高级中学、祈福高中、民族高中校领导授予"助学项目"牌匾。授牌仪式结束后,爱心人士代表振华盛世集团董事长发表讲话。随后,由百色市G高级中学校长汇报G高级中学办学情况及近年来学校受助情况。校长讲话结束后,由G高级中学高一18班学生代表L同学发表受助感言。紧接着,由百色市教育基金会理事长讲话。最后,由百色市政府的领导总结本次大会并发表感言。

2019年6月3日,广西区政府督学、广西陶行知研究会会长C博士和广西陶行知研究会副会长、百色学院原副院长L教授以及广西陶行知研究会秘书长、广西外国语学院教育学院院长L教授一行3人到百色市G高级中学检查和指导工作。百色市G高级中学有关领导介绍了G高级中学的陶行知教育建设计划及落实情况、校园文化建设、均衡教育举措、学校发展愿景等。会长对百色市G高级中学在陶行知教育思想理念引领下的校园文化建设给予充分的肯定和高度的赞扬。会长还强调,陶行知教育思想就是教育的红色基因,作为实验学校,首先要把陶行知的教育思想始终贯穿在我们的教育教学等日常工作中,让学陶研陶践陶的氛围更加厚重,把陶行知教育思想的内涵更加集中地展示出来;其次要积极鼓励广大教职工撰写陶研论文,让老师就"如何教,如何学"等问题,结合工作实际做总结和反思,更能达到一个深刻的学习效果。陶研会领导专家的检查和指导,为百色市G高级中学带来了新的鼓舞和鞭策,相信学校的陶研工作必然会迈上一个新的台阶。

2021年12月2日,广西优秀科技工作者L博士至百色市G高级中学开展捐资助学活动。活动中,L博士分享了他艰苦求学、立大志成大事的奋斗历程,现业有所成资助百色市G高级中学贫困学子,帮助其成长成才。他的大爱仁心给予了贫困学子无限的温暖,也带给了他们前行的力量。百色市G高级中学M副校长借此希望受助同学要以L博士为榜样并铭记恩情,立下大志且乐观前行,通过勤奋好学增强本领,将来成为有所作为的时代新人回馈社会。

第四节 教育国际化背景下广西基础教育共同体建设实践的反思

教育国际化视域中的广西基础教育共同体建设走过了一定的历程,从上述部分中小学的实践来看,其取得的成就令人欣慰,而存在的不足更值得反思。为更好地推进教育国际化背景下的基础教育共同体建设,我们理应秉承"取其精华""有则改之,无则加勉""精益求精"等精神与原则,力求在未来把教育国际化视域中的基础教育共同体建设工作做得更系统、全面、完美。

一、教育国际化背景下广西基础教育共同体建设的成就

(一)起步较早

严格上讲,教育共同体的构建实践是伴随着教育国际化思潮开始的。

在顾明远先生所编的《教育大辞典》中,教育国际化被解释为:"第二次世界大战后国际间相互交流、研讨、协作、解决教育上共同问题的发展趋势。其特点是:①国际教育组织出现与发展。1948年联合国教育、科学及文化组织成立,宗旨是推动各国在教育、科学、文化方面的合作。嗣后,国际教育局、国际劳工组织、经济合作与发展组织、东南亚教育部长组织等亦相继成立,开始研讨共同关心的教育问题,并派遣专家进行国际援助。②国际合作加强。各国文化教育交流日益频繁,教师、研究人员交流增多,留学生增加,教材交流与合作增强。③各国均在改革学制的封闭与孤立状况,使本国与国际上的各级各类学校发展趋向一致。未来各国教育在对象、制度、内容、形式、方法等方面的共同点将日益增

多,国际化趋势日益加强。"❶此时期,广西在教育共同体的探索方面也或多或少有了一定的行动或实践。

1991年7月,中国与东盟开始对话。2002年11月,中国与东盟各国签署了《南海各方行为宣言》,在当年"10+1"领导人会议上,中国拿出更为充实的议案,终于与东盟达成了自贸区共识。"10+1"宣布十年内建成自由贸易区的目标。2010年1月1日,中国—东盟自由贸易区正式全面启动。❷ 中国—东盟自由贸易区的成立,不仅推进了中国与东盟国家在政治、经济、文化方面的更大交流与合作,也极大地促进了教育方面的交流与合作。2013年,"携手东盟建设中国—东盟命运共同体"出炉。共建中国—东盟命运共同体,需要加快推进区域内教育合作发展,其目标是通过合作办学,实现教育资源整合、教育体制机制融合,实现人力资本提升、经济社会全面发展和国际竞争力提升,实现从教育融合到文化融合,到构筑起中国—东盟命运共同体的人文基础。❸ 随着中国与东盟各国教育合作的不断深入,高等教育命运共同体建设应运而生,其冲破中国和东盟高等教育合作的现实阻碍,不断完善政府间交流合作机制、国际合作平台对话机制、国际组织协同机制,积极制订留学与交流计划、合作办学计划、师资培训计划、人才培养计划、教育交流合作机构完善计划等多个行动计划,推进双方共同发展、平等合作的高等教育战略伙伴关系的建立和深化。❹ 广西处在中国—东盟自由贸易区的桥头堡位置,在与东盟各国开展教育交流与合作——构建教育共同体方面有突出的作为,这不仅体现在高等教育,还体现在基础教育。例如,2012年5月17日,广西大学艺术学院与到访的泰国朱拉隆功大学教育学院签订合作协议并进行学术交流;2013年3月1日,越南人文社科大学国际交流处处长一行访问广西大学,进一步促进研究生的交流及加强两校间科研项目的合作与交流;2013年3月27日,泰国洛坤府皇家大学副校长率代表团访问广西民族大学,开启两校合作之门;2013年8月3日至20日,广西民族大学民族研究中心主任L教授

---

❶ 顾明远.教育大辞典(增订合编本)[Z].上海:上海教育出版社,1988:751.
❷ 中华人民共和国外交部.中国—东盟合作:1991-2011(全文)[J/OL].中华人民共和国中央人民政府网,2011-11-15.
❸ 祁亚辉.教育合作:巩固和拓展中国—东盟命运共同体的人文基础[J].东南亚纵横,2015(10):22-27.
❹ 韩进,陈东英.构建中国—东盟高等教育命运共同体:阻碍、机制和计划[J].内蒙古师范大学学报(教育科学版),2018,31(4):9-12.

率中方课题组赴老挝与老挝国家社科院历史研究所联合开展了老挝铜鼓文化调查,进一步深化和拓展交流与合作;2014年4月23日,广西民族大学H副校长会见了越南河内国家大学所属人文社科大学副校长一行,探讨新时期交流合作事宜;等等。广西与东盟的教育合作在高等教育层面进行的同时也向中等教育扩展,如2007年9月30日,南宁外国语学校与越南河内阿姆斯特丹专属中学签订了中学教育合作协议书,两校正式结为"姊妹学校"。此后,越南河内朱文安中学、旅游商贸学校已分别与南宁二中、南宁第一中等职业中学达成教育合作共识,将于不久成为合作伙伴。广西的其他中学也正在积极努力开拓与东盟国家的中学教育合作。

2013年10月以来,广西与东盟国家以及其他国家或地区的教育交流与合作更向前推进了一步,如2015年1月21日至28日,广西大学领导一行4人前往泰国清迈、素攀以及越南河内高校进行友好访问,进一步拓展了校际的交流与合作,与越南国家大学所属人文社科大学续签了战略合作协议;2015年9月21日,马来西亚精英大学校长一行访问广西民族大学,两校共同研究教育国际化发展相关课题,丰富高校合作新内涵。在基础教育方面,教育国际化背景下的基础教育共同体建设也有了快速的发展,不仅体现在与国外的教育共同体构建,也体现在国内的教育共同体建设。譬如,2016年11月1日,越南高平省教育培训厅Y副厅长为团长的教育卫生代表团一行10人访问百色市G高级中学并商讨教育合作的内容与途径;2017年12月21日,百色市右江区B小学体育组全体教师到河池市金城江区第五小学进行教学研讨与互动交流,以推进两校民族传统体育项目体育课程的构建、增进两校在革命老区特色办学的联谊发展并促进两地义务教育均衡发展;2018年5月17日,崇左市A学院附属小学与天等县民族小学举行校际交流学习活动;2019年3月30日俄罗斯雷宾斯克市舒蒂娜·纳塔莉娅率代表团一行14人访问崇左市A学院附属高中并开展教育合作;等等。

可以说,广西在教育国际化视域中的基础教育共同体建设肇始于二战时期的教育国际化思潮,2010年的中国-东盟自由贸易区后走向快速发展,尔后在领域、规模、内容等方面进一步扩大。这一情况说明,教育国际化背景下的基础教育共同体建设起步早,实践历程长。

（二）途径多样

实践中，途径的多样化推动了教育国际化背景下广西基础教育共同体的建设工作。

一是各级领导的关注与关怀。例如，2016年4月13日财政部教科文司T副司长一行6人到百色市G高级中学调研，肯定了学校开设郑柱成少数民族班、郑柱成爱心助学传承班、冯志强民族班、政府助学班等特色助学班的举措，鼓励百色高中充分利用扶贫政策，发扬特色助学，继续做好贫困生资助工作；2018年5月11日南宁市国土局矿产资源科、南宁市旅发委以及开发区安监局、教育文体局相关领导深入南宁市武鸣区广西—东盟经济技术开发区的D中学进行防溺水安全教育工作检查，希望学校能继续加大开展预防学生溺水工作力度，切实增强师生的安全意识，确保学生健康快乐成长；2018年12月12日，庆祝广西壮族自治区成立60周年，中央代表团第一分团团长率团到百色市G高级中学看望和慰问学校师生，肯定了百色市G高级中学建校以来在民族教育、办学特色等方面取得的成绩，勉励同学们要刻苦学习知识，积极锻炼身体，不断增长本领，更好地成长成才，努力实现人生理想，报效家乡、报效祖国，极大地鼓舞了广大师生工作、学习、生活的热情。

二是教育行政部门的有效指导。如2016年12月21日，广西壮族自治区教育厅基教处领导至崇左市A学院附小开展视导工作，全面了解学校情况，并予以深度指导，对学校今后在整合体系和提升品位方面寄予了殷切的希望；2017年6月7日，北海市教育局保健所有关负责人到北海市C中学检查心理健康教育工作情况，对北海市C中学的心理健康教育工作的扎实、有效，尤其对为助力中考而开展的一系列心理健康教育活动给予了高度的肯定，并就进一步加强心理健康教育文化建设、探索更加行之有效的学生心理健康教育方式、加强心理健康教育教师发展等工作提出了宝贵意见和建议。

三是校际频繁的交流与合作。例如，2016年11月1日，以越南高平省教育培训厅副厅长为团长的教育卫生代表团一行10人考察访问百色市G高级中学，双方对开展高校间的师生交流、教师交换及留学、进修、培训等问题进行交流商讨；2017年12月21日，百色市右江区B小学体育组全体教师到河池市金城江区第五小学与该校的体育教师围绕校本体育特色文化建设等方面进行教学研讨；2018年5月17日，崇左市A学院附属小学与天等县民族小学举行校际交流学习活动;2019年3月12日至13日,北海市C中学一行9人到贵港市覃塘三中进行了为期两天的交流学习,进一步加强沟通和交流,互相学习,携手共进,共同促进学校教育教学质量的发展。

四是学校与社区的积极互动。如2018年12月25日,百色市右江区B小学党支部党员代表及少先队员参加百城街道城东社区举办的"百城街道城东社区党组织服务群众专项活动文艺晚会"并表演《瑶山彩云飞》及《花木兰》两支舞蹈,不仅加强了城东社区党支部和百色市右江区B小学党支部之间的联系,也增强了两个党支部之间的合作。又如2019年1月21日,北海市C中学校党总支部与学生志愿者到北海市北部湾社区分组整理、清洁便民服务站的各个活动室及各楼层的宣传板、窗台、地板、洗手台等区域,受到社区工作人员及群众的赞赏,不仅提升了师生服务社区的意识,也加强了北海市C中学与社区之间的联系与合作。

五是家校的密切配合。除正常开展家长会外,部分学校还通过其他方式加强家校联系,如柳州市E中学2016年11月3日举行第一次食堂开放日活动,12名家长代表参观学校食堂管理及伙食质量情况,家长代表对学校的食堂建设表示十分满意;北海市C中学2017年1月14日开始在全校范围内开展为期29天的全体党员教师"扶贫帮困"寒假家访活动,以此更好地开展家校沟通、交流与合作工作;学校一切成绩的取得都离不开家长的关注与付出,2019年10月16日柳州市E中学还成立"E中学父母学院"以提升家长的教养知能水平。

六是社会各界的广泛参与。譬如,2013年12月14日至15日百色市G高级中学广州地区校友在广州举行2013年联谊会,校友们衷心感谢母校的培养并表示会关注母校今后的发展;2015年12月31日,广西糖网董事长为柳州市E中学带来了建校以来的第一笔企业资助发展基金——广西糖网助学金,搭建青年教师发展平台,帮助青年教师迅速成长,同时表彰和鼓励品学兼优的学生为实现梦想而努力奋斗;2017年9月20日,崇左市公安局到崇左市A学院附属小学联合开展"网络安全知识进校园"活动,让学生们了解安全上网、健康上网和文明上网相关知识。

由此可见,教育国际化背景下广西基础教育阶段的中小学正在依托各级政府领导的殷切关怀、教育行政部门的悉心指导、校际的交流与合作、学校—家庭—社区的积极互动以及社会各界力量的有效参与等途径如火如荼地开展着教育共同体构建工作,促进了教育国际化背景下基础教育共同体的有机生成。

(三)成效显著

一是开拓了学校发展的视野。大体而言,学校的发展可分为三种类型:第一种是很难发展,即学校差不多办不下去了;第二种是基本能正常办学,即不存在什么困难,但办学质量平平,民众不差评也不好评;第三种是发展现状非常好,也有很大的提升征象。对于第一种,学校发展可能多持有等、靠、要的思想和做法,不设法去创新性地寻求教育资源、途径与模式;对于第二种,学校在发展目标上可能是安于现状,不去争取更大的发展先机,也不想去拓展发展空间;而第三种则往往是不坐井观天,努力争取教育资源,不断集聚教育力量,潜心发展创新等的结果。教育国际化背景下的基础教育共同体建设,让学校不再闭锁发展思维和发展空间,而是积极将目光投向广阔的外界,以凝聚广泛的办学力量为己任。换言之,教育国际化背景下的基础教育共同体建设,不仅扩大了学校发展的视野,也赢得了更大发展资源与空间。

二是增强了学校及其他教育行为主体的系统互动。过去人们常常认为,学校的办学主体是政府,学校办学质量的高低与政府的投入和管理密不可分。诚然,在我国,政府是中小学办学的主体,政府承担起中小学人力、物力、财力方面的供给责任理所当然。但事实上中小学的办学不仅仅是政府的事情,也是家庭、社会以及全体公民的事情。形成教育共同体,需要各级政府及其相关部门或机构、每个家庭、学校所在社区、社会组织等各方力量的大力支持和积极参与才能完成。正因如此,教育国际化背景下的基础教育共同体建设,促进了政府、各部门、学校、家庭、社区、"大社会"、社会民间组织、团体或机构结成一个系统的团队,在学校的可持续发展中调动各教育主体的积极互动并充分发挥自身优势,将各方力量拧成一股绳、汇成一股流,不断推动学校的健康发展。

三是提升了学校的办学质量。多方力量的互动参与基础教育阶段学校建设,势必要比学校单打独斗所得到的效果要好得多。团结就是力量,互动会互利共赢,这一简单的道理对学校发展来说不难理解或见证。笔者在与多所中小学校长的访谈中就发现他们有共识,即在没有"走出去、请进来"前,总以为自己的办学很优秀了,但通过校际的内外交流之后,就会发现有很多行之有效的办学理念、管理机制、教学模式等都值得学习与实践运用。而在与社区居民、学生家长的交流中,他们认为学校是教书育人的场所,教育学生是学校的天职,与家庭、社区的关系不大;但事实上家长的教养方式与水平、社区的环境及对教育的重视程度等,对学校的办学质量以及对学生在校的成长情况有着非常直接、重要的影响。可以说,教育国际化背景下教育共同体建设促成了学校发展的校外诸多教育主体的关注与力量贡献,而学校正是赢得了这些关注、支持与帮助才获得办学质量的不断提升。

二、教育国际化背景下广西基础教育共同体建设的遗憾

(一)不少群体对"教育共同体"内涵与外延的认识不足

前有所述,无论在理论层面还是实践层面,对"教育共同体"有着不同的理解和表述,学术界对此没有形成统一的定义。陈红梅博士在考察诸多"教育共同体"的解释后尝试给"教育共同体"下一个定义:教育共同体是指持有相同或相近的教育价值取向,承担共同的教育伦理责任的多元异质教育主体,自愿组成的遵守一定教育范式的联合体。❶ 笔者十分赞同陈红梅博士的这一定义。然而,在教育国际化背景下的基础教育共同体建设实践中,参与教育共同体建设的教育主体(或教育行为主体)真正理解或把握"教育共同体"内涵与外延的状况并不乐观。在调研中,当问及"您是否知道什么是教育共同体?"时,能较为贴近教育共同体内涵与外延的回答,政府部门人员为 87.35%,教育行政府部门人员为 89.12%,学校领导为 85.37%,学校教师为 62.46%,学生为 55.28%,学生家长为 47.62%,社区人员为 43.24%,非政党、政府的社会组织或机构人员为 73.67%,社会普通公民为 31.22%。这一情况说明,仍有不少教育主体对教育共同体内涵与外延的理解不到位。有的教育主体认为已经参与了教育共同体建设,如有的家长认为他们参加了学校举行的家长会,平时也通过电话、QQ 或微信了解孩子在学校的学习、生活和思想动态,已经参与了教育共同体建设。事实上,家长参与家长会,通过电话、QQ 或微信与学校沟通,虽然从某种程度上讲的确是在助力学校的发展,但教育共同体强调的是多元异质教育主体之间的互

---

❶ 陈红梅.教育共同体视域下学校与社区互动的研究——基于现代学校制度建设的思考[M].武汉:华中科技大学出版社,2015:106.

动,如:是否与社区、教育行政部门、政府等也进行了互动。可以说,正是由于某些教育主体对教育共同体理解的不全面,所以严格意义上讲他们的行为还不是科学地参与教育共同体建设。

(二)校外教育主体参与教育共同体建设的方式与路径有待完善

从前面已有的教育国际化视域中的基础教育共同体建设实践可以看到,校外教育主体参与教育共同体建设的方式和途径呈现出多样化的特点,如有各级政府、教育行政部门领导的调研和视察,有政府其他部门或机构到学校开展的相关讲座或活动,有家长出席的家长会和学校的开放日活动,有非政党、政府的社会组织或机构的捐资助学等,这为教育共同体建设注入了活力,但却是远远不够的。例如,作为政府和教育行政部门,到学校调研与视察工作是分内的职责,还应该在人力、物力、财力方面给予学校更大的支持,特别是要对教育国际化背景下的基础教育共同体建设在统筹规划、力量协调、政策引领、制度设置等方面给予帮助;对于社区,不仅要对校园周边环境的治理贡献力量,还要积极营造尊师重教的氛围;对于家庭,不仅要积极参加家长会、主动联系学校了解子女在校的发展情况,还可以身临其境地到学校听课或者给学生上课;等等。换言之,校外各教育主体参与基础教育共同体建设,还有很大的互动空间和途径可以挖掘,即便是现有的路径也亟待深入或完善,如家长会,多表现为班主任、任课教师汇报学生的考试成绩、优劣表现,并没针对性地组织一些现实问题与家长畅所欲言地探讨并寻求解决问题的最佳方案。概言之,校外各教育主体要有效参与教育国际化背景下的基础教育共同体建设,其方式与路径仍需努力探索。

此外,还必须看到的是,在教育国际化背景下,广西基础教育阶段中小学与国外中小学、教育行政部门、教育组织或机构等教育力量构建基础教育共同体的行动极不乐观,如少数中小学虽与其他国家或地区有通过交流与合作方式构建基础教育共同体的表现,但在领域、层次、内容等方面亟待拓展或深入,而对大多数中小学则没有与其他国家、地区、民族或种族教育力量构建基础教育共同体的迹象或行动实践。这一情况充分说明广西基础教育阶段中小学与国外力量构建基础教育共同体的行动严重不足,急需广大中小学跟进教育理念,完善内涵发展路径,以此构建起基础教育共同体,推动学校的长足发展,力争各自有效助教育国际化一臂之力。

(三)部分学校主动寻求教育共同体力量不到位

从实践中看,多数学校在教育国际化背景下的基础教育共同体建设进程中还是积极主动寻求外界力量的,如有的学校大力争取机会到其他学校学习取经、签订友好合作协议,有的学校热烈欢迎其他学校来传经送宝并分享自己的成功经验,有的学校积极参与服务社区的各种活动以搞好校社关系,有的学校深入开展家访工作以增强家校联系,有的学校创造平台争取社会捐资助学等,进而在教育国际化背景下的基础教育共同体建设中赢得先机,获得丰富的教育资源,壮大了教育共同体建设力量,因而其教育共同体建设有声有色。但是,不少学校却不是如此,不主动走访、不情愿公开分享自己成功的做法,也不积极搭建与外界沟通的互动桥梁。例如,在调研中,当问及学校构建教育共同体有什么想法或做法时,一些被访者遮遮掩掩,对有成效的举措有所保留,或者说"没有什么特别的,跟其他学校差不多"。另外,在这信息化时代,不少学校没有开设官方网站和微信公众号,特别是初级中学和小学这一情况更为突出。这在一定程度上也阻隔了国外院校或同级学校、其他区内外兄弟学校、社会公众等了解学校、支持与帮助学校发展的路径。因此,某些学校不积极主动寻求教育共同体建设外界力量的行为表现正不利地影响着教育共同体的有效建设。从实质上讲,教育国际化背景下的基础教育共同体建设不是为了某一学校的长足发展,而是为了所有学校的共同进步。所以,对于不积极把握教育共同体理念、想方设法促进自身与其他学校或教育主体互利共赢的某些学校来说,理应对自己的行为有所反思。

三、教育国际化背景下广西基础教育共同体建设的展望

(一)各级政府、教育行政部门加大对基础教育共同体建设扶持力度

有效推进教育国际化背景下的基础教育共同体建设,首先需要政府、教育行政部门增强对教育国际化视域中的基础教育共同体建设的扶持力度。一方面,政府、教育行政部门要加大对基础教育阶段中小学在人力、物力、财力方面的投入力度。政府、教育行政部门加大对基础教育的人力、物力、财力的投入,不能搞平均分配,而是向薄弱学校有所倾斜,把有限的教育资源用到最需要的地方去,这样才能在促进教育均衡发展的同时有效助力基础教育共同体的构建。

另一方面,政府、教育行政部门要进行教育国际化背景下的基础教育共同体建设方针、政策与制度的上层设计。可以说,推进教育国际化背景下的基础教育

共同体的有效建设,方针是方向标,政策是机遇,制度是保障。只有政府、教育行政部门制定出切实可行的方针,才能引领教育国际化视域中基础教育共同体建设各项工作有条不紊地开展且不偏离宗旨;只有出台科学合理的政策,才能为教育国际化背景下的基础教育共同体建设争取到广阔的空间与资源或力量;只有制定出健全完善的制度,才能调动各教育主体积极参与教育国际化背景下的基础教育共同体建设,并保障各种教育资源得到高效配置且发挥其最大效用。此外,各级政府、教育行政部门还要做好统筹与协调工作,如统筹各种教育资源,做好教育发展规划,协调各教育主体利益,促成各教育主体之间的良性互动,引导学校的内涵发展建设等。

(二)优化家庭、社区以及社会各界互动参与学校建设的路径

有效推进教育国际化背景下的基础教育共同体建设,离不开家庭、社区以及社会各界的广泛参与,而参与的路径与程度,又会直接影响到教育共同体建设的质量。

就家庭与学校的关系而言,家庭教育是学校教育的基础,即家庭教育对人的发展和成长发挥着基础性作用,因而构建教育国际化背景下的基础教育共同体,学校不仅提供或创新家校沟通、交流与合作的平台与路径,也应帮助家庭提升家庭教育技能与水平,如通过教育的手段促使家长或家庭成员营造良好的家庭氛围、优化家长的教养方式、创造子女健康成长的环境等,因为出色的家庭教育同样也是助力教育共同体建设的优良表现。

就学校与社区而言,学校是社区的一部分,学校的发展名声在外有助于社区经济的繁荣和居民素养的提高,而社区良好的物质环境、卫生环境、人文环境、人口素质等又是潜移默化促进学校良性发展的重要因素。所以,学校与社区可以加强环境、卫生、文化、人的行为素质等方面的互动,从而以此融入教育共同体建设。

就学校与社会而言,学校的健康发展需要社会的正能量,如良好的社会舆论、洁净的社会风气、健全的教育辅助机构等,和谐社会的拥有又需要学校在人才、知识、活动等方面供给。而如何实现学校与社会的互动,面很宽,但只要肯探索,路还是很广的。

因此,要深入探索或挖掘学校、家庭、社区、社会之间的互动路径。总之,政府、教育行政部门、学校、家庭、社区、社会以及社会组织或机构等教育主体(或教

育行为主体)可以从互动开展缔结姊妹学校或举办基础教育论坛、文化日、文化体验、夏令营、社会实践、志愿服务、竞赛等活动方面发力,并将其汇集成流,才能助力教育国际化背景下的基础教育共同体的有效生成。

(三)学校积极主动获取教育共同体的生成条件

就学校来说,想要生成教育共同体,一般而言需具备一些条件:先进的办学理念,充足的办学资源,外部力量的积极参与。俗话说:逆水行舟,不进则退;狭路相逢勇者胜。这些道理放在学校发展问题上同样具有现实意义。因为学校的发展也是一场博弈,拥有与时俱进的办学理念、办学质量突出、在社会上享有良好声誉的学校自然会获得更优质的教育资源,更能吸引社会力量的积极加入,因而也会造成良性循环发展。相反,那些办学理念保守陈旧、办学资源紧缺、社会关注度低的学校,则会错失教育资源或办学力量,造成的结果就是办学举步维艰。当前,构建教育国际化背景下的教育共同体是与时代发展同步的办学理念,因此,某些学校应尽早抛弃保守陈旧的办学思维,积极地"走出去""请进来",以此向教育共同体靠拢进而投入教育共同体建设实践,而那些发展基础较好的学校,也要更好地把握好教育共同体的本质,积极拓展途径或方式,争取更大的教育共同体建设资源及力量。也就是说,在教育共同体理念的指引下,学校只有积极从有限的教育资源中力争分到更多"羹",并主动与政府、教育行政部门、家庭、社区、社会、姊妹学校等外部的教育主体进行联系、沟通、交流与合作等互动,才能为学校的健康发展赢得更多更大的支持与帮助,在实现自身内涵发展的同时也促进其他教育主体的健康发展,从而达成真正的教育共同体并展现皆大欢喜的局面。

总之,生成教育国际化背景下的基础教育共同体是我们的迫切需求,其功在当下却利在千秋。当然,构建教育国际化背景下的基础教育共同体不可能一蹴而就,而是可谓任重而道远。我们相信,只要政府、教育行政部门、学校、家庭、社区、社会以及全体公民齐心协力,积极互动,理想的教育国际化视域中的基础教育共同体的到来离我们并不遥远。

参考文献

[1] 吕叔湘. 现代汉语词典(修订本)[Z]. 北京:商务印书馆,1998.

[2] 辞海编辑委员会. 辞海[Z]. 上海:上海辞书出版社,1980.

[3] 顾明远. 教育大辞典(增订合编本)[Z]. 上海:上海教育出版社,1988.

[4] Hans De Wit. Internationalization of Higher Education in the United States of America and Europe:A Historical,Comparative and Conceptual Analysis[M]. Westport:Greenwood Press,2002.

[5] 冯增俊. 比较教育学[M]. 南京:江苏教育出版社,1996.

[6] 赵中建,顾建民. 比较教育的理论与方法——国外比较教育文选[M]. 北京:人民教育出版社,1994.

[7] 徐辉,辛治洋. 现代外国教育思潮研究[M]. 北京:人民教育出版社,2008.

[8] 滕星. 族群、文化与教育[M]. 北京:民族出版社,2002.

[9] 顾建新. 跨国教育发展理念与策略[M]. 上海:学林出版社,2008.

[10] 杨启光. 教育国际化进程与发展模式[M]. 北京:社会科学文献出版社,2011.

[11] Willam H. Allaway. Dimensions of International Higher Education[M]. Bold:Westview Press,1995.

[12] 冯增俊. 教育人类学[M]. 南京:江苏教育出版社,2001.

[13] 斯塔夫里亚诺斯. 全球分裂——第三世界的历史进程(上册)[M]. 迟越,王红生,等译. 北京:商务印书馆,1993.

[14] 张贵洪. 国际关系研究导论[M]. 杭州:浙江大学出版社,2003.

[15] 张应强. 文化视野中的高等教育[M]. 南京:南京师范大学出版社,1999.

[16] 斐迪南·滕尼斯. 共同体与社会——纯粹社会学的基本概念[M]. 林荣远,译. 北京:北京大学出版社,2010.

[17] 陈红梅. 教育共同体视域下学校与社区互动的研究——基于现代学校制度建设的思考[M]. 武汉:华中科技大学出版社,2015.

[18] 赵祥麟,王承绪. 杜威教育论著选[M]. 上海:华东师范大学出版社,1981.

[19] 马克斯·韦伯. 社会学的基本概念[M]. 胡景北,译. 上海:上海人民出版

社,2007.

[20] 苏霍姆林斯基.给教师的一百条建议(上)[M].杜殿坤,译.北京:教育科学出版社,1984.

[21] 鲁迅.鲁迅文集[M].长春:吉林摄影出版社,2000.

[22] 杨宝忠.大教育视野中的家庭教育[M].北京:社会科学文献出版社,2003.

[23] 赵刚,王以仁.中华家庭教育学[M].北京:中国出版集团研究出版社,2016.

[24] Jane Knight. Internationalization: Concepts, Complexities and Challenges[J]. International handbook of higher education,1997.

[25] Lee F. Anderson. An Examination of the Structure and Objectives of International Education[J]. Social Education,1968,32(3):23.

[26] R. Yang. University Internationalization: Its Meanings Rationales and Implications[J]. Intercultural Education,2002,13(1):81-95.

[27] 田正平,肖朗.教育交流与教育现代化[J].社会科学战线,2003(2):11.

[28] 杨明全.基础教育国际化:背景、概念与实践策略[J].全球教育展望,2019,48(2):9.

[29] 容中逵,刘要悟.民族化、本土化还是国际化、全球化——论当前我国基础教育课程改革的参照系问题[J].比较教育研究,2005(7):6.

[30] 张军凤,王银飞.关于基础教育国际化的几个问题[J].上海教育科研,2011(1):3.

[31] 周满生.坚持改革开放 推动基础教育的国际交流与合作[J].世界教育信息,2018(24):17-19,28.

[32] 赵建华,陈国明.宁波基础教育国际化的现状及提升路径[J].宁波教育学院学报,2016,18(5):4.

[33] 胡国胜.广州市英东中学基础教育国际化实践与探索[J].课程教育研究,2017(15):3.

[34] 罗峰.教育国际化的盛宴——广东教育学会教育国际化专业委员会2014学术年会召开[J].广东教育,2015(1):2.

[35] Loveland T, Miyakawa H, Hirayama Y. International Collaboration in Secondary Level Education[J]. The Journal of Technology Studies,2004(3):10-19.

[36]张秋旭,杨明全.英国基础教育国际化初探:实践策略与启示[J].中国教师,2018(11):5.

[37]刘佳,杨明全.德国基础教育国际化的实践策略探析[J].郑州师范教育,2019,8(5):6.

[38]张晓芹,杨明全.美国基础教育国际化的进展与实践举措[J].福建教育,2019(10):36-38.

[39]谭次平,马卫平.我国借鉴国外学校体育的思考[J].体育学刊,2009,16(12):3.

[40]陈如平,苏红.论我国基础教育的国际化[J].当代教育科学,2010(14):5.

[41]左罡.基础教育国际化进程中存在的误解、问题与解决方案[J].世界教育信息,2014(9):3.

[42]陈博.多元、冲突、融合:基础教育国际化发展过程中的挑战与对策——以无锡市基础教育国际化发展为例[J].酒泉教育,2016(1):4.

[43]郑富兴.比较教育研究的民族主义悖论刍议[J].比较教育研究,1999(6):8-12.

[44]吴定初.关于中国基础教育国际化与民族化的思考[J].教育评论,2003(1):3.

[45]周满生.对基础教育国际化的理性思考和路径探讨[J].中小学管理,2017(5):4-5.

[46]朱以财,刘志民.高等教育共同体建设的理论诠释与环境评估[J].现代教育管理,2019(1):7.

[47]张志旻,赵世奎,任之光,等.共同体的界定、内涵及其生成——共同体研究综述[J].科学学与科学技术管理,2010(10):7.

[48]刘阳.论教育共同体的内涵与构建原则[J].外国中小学教育,2014(10):6.

[49]冯锐,金婧.学习共同体的思想形成与发展[J].电化教育研究,2007(3):4.

[50]李秀.浅析杜威"学校即社会"教育思想[J].科教导刊,2019(3):3.

[51]张庆东.公共利益:现代公共管理的本质问题[J].云南行政学院学报,2001(4):5.

[52]王联.关于民族和民族主义的理论[J].世界民族,1999(1):1-11.

[53]郑葳,李芒.学习共同体及其生成[J].全球教育展望,2007(4):6.

[54] 孙频捷.身份认同研究浅析[J].前沿,2010(2):68-70.

[55] 韩震,吴玉军.当代和谐社会建构中的文化认同问题论纲[J].山东社会科学,2008(11):4.

[56] 邹明.孤独与人的社会性需要[J].心理与健康,2007(8):9-10.

[57] 王轶.论《物权法》中的"公共利益"[J].北京规划建设,2008(1):3.

[58] 张力玮,徐玲玲.打造新型全球治理模式和新型共同体——访中国人民大学国际关系学院王义桅教授[J].世界教育信息,2017(20):7.

[59] 许新海.建设区域教育共同体 推动区域教育和谐发展[J].中小学管理,2017(7):3.

[60] 严亚梅,梁保国.教育范式与教育共同体[J].洛阳工学院学报(社会科学版),2000,18(4):6.

[61] 邬海霞,刘宝存.教育共同体构建与区域教育治理模式创新[J].湖南师范大学教育科学学报,2018,17(6):8.

[62] 吴康宁.深化教育改革需实现的三个重要转变[J].南京师范大学学报(社会科学版),2013(3):1-3.

[63] 周丽婷.幼儿家庭教育中父母教养方式的调查分析[J].学理论,2013(2):2.

[64] 朱慧洁.从抚养者到教养者的智慧——促进家长教育能力进阶的必要性及策略研究[J].科教导刊,2018(8):3.

[65] 王治芳.构建家校社共同体提升家长教养知能——山东省家长教育创新纪实[J].中国成人教育,2019(21):5.

[66] 杨启光.重叠影响阈:美国学校与家庭伙伴关系的一种理论解释框架[J].外国教育研究,2006(2):5.

[67] 刘翠兰.家校合作及其理论依据[J].基础教育研究,2005(10):3-4,26.

[68] 陈芳芳.闽台基础教育交流合作的现状与前瞻[J].海峡教育研究,2013(3):23-26.

[69] 熊秋菊,张萌.基础教育国际交流共同体建设的区域探索——以上海长宁教育国际联盟为例[J].上海教育科研,2019(2):4.

[70] 王贵存.学校教育、家庭教育、社会教育怎样有机结合[J].中国校外教育,2014(12):1.

[71] 刘俊霞.浅谈家庭教育,学校教育与社会教育的结合[C]//北京中外软信息

技术研究院.第四届世纪之星创新教育论坛论文集,2016.

[72]常春旭.学校教育、家庭教育、社会教育协调发展创新研究[J].读与写,2018,15(4):1.

[73]赵欣浩.打造教育"新共同体"推进基础教育优质均衡发展[J].杭州周刊,2018(10):2.

[74]祁亚辉.教育合作:巩固和拓展中国—东盟命运共同体的人文基础[J].东南亚纵横,2015(10):22-27.

[75]韩进,陈东英.构建中国—东盟高等教育命运共同体:阻碍、机制和计划[J].内蒙古师范大学学报(教育科学版),2018,31(4):4.

[76]包万平,李金波.社会需要有文化归属感的大学[N].科学时报,2010-01-12(3).

[77]陈竺.医患双方是利益共同体[N].人民日报,2009-12-10(5).

[78]施政.首个区际教育共同体携手,给老师上一堂特殊的"思政课"[N].长江日报,2019-04-01(3).

[79]张荣伟.教育共同体及其生活世界改造——从"新基础教育"、"新课程改革"到"新教育实验"[D].苏州:苏州大学,2006.

[80]王海珍.中国非营利组织监督机制研究[D].长沙:湖南师范大学,2007.

[81]Moises Naim. The FP Interview:A Talk with Michael Camdessus about God, Globalization and His Years Running the IMF[R]. Washington: International Monetary Fond,2000:32-45.

[82]A. K. Tye(ed.). Global Education:From Thought to Action[R]. US: ASCD,1991:162.

[83]周满生.基础教育国际化:这五个关键环节不可少![J/OL].搜狐网,2018-11-11.

[84]刘诚.卢梭的两个世界:对卢梭的国家观和社会观的一个初步解读[J/OL].中国改革论坛网,2007-04-13.

[85]黄乐嫣.中国知识界:共同体追求的分歧[J/OL].吴冠军,译.哲学研究网,2003-06-07.

[86]坚持中国特色社会主义教育发展道路 培养德智体美劳全面发展的社会主义建设者和接班人[J/OL].中华人民共和国教育部网,2018-09-10.

[87] 怀远县教育局. 怀远牵手上海长宁加强基础教育合作交流[J/OL]. 安徽教育网, 2015-08-16.

[88] 于嘉, 李寒芳. 教育部: 内地与澳门教育交流合作生动体现"一国两制"优越性[J/OL]. 新华网, 2019-12-12.

[89] 中华人民共和国外交部. 中国—东盟合作: 1991-2011(全文)[J/OL]. 中华人民共和国中央人民政府网, 2011-11-15.

后　　记

本书《教育国际化背景下的基础教育共同体建设理论与实践》为广西教育科学"十三五"规划课题2017年度广西教育科学重点研究基地重大课题(项目编号:2017JD206,项目负责人:黄启明)的研究成果,也是百色学院教育硕士学位建设成果之一。

掩卷而息,飘飘然间不仅有完工之喜悦,更有对新时期教育事业健康发展路径宽广的体悟。著作中的一字一句,既是作者对教育国际化背景下的基础教育共同体建设理论与实践的理性思考,也是对新时期基础教育内涵发展探索成果的展现;著作的字里行间,深深地镌刻着作者的辛勤汗水,渗透着支持者们的鼓励与帮助,同时也镶嵌着因忙于学术研究而对家人的愧疚。

在著作的撰写过程中,作者研读了大量的文献,书中引用了不少研究者们的观点或知识点,但更多的是作者站在研究者们研究成果基础上的启迪和感悟。本著作的顺利完成,是作者努力付出的结果,也是课程组成员吴先勇、黄翠华、周朝正、肖林、冯浩、罗纯、李鸿、农懿、麻智勇等密切配合的结果,还是广西壮族自治区教育厅和部分市、县(区)人民政府与教育局以及崇左市A学院附属小学、百色市右江区B小学、北海市C中学、南宁市广西—东盟经济技术开发区D中学、柳州市E中学、崇左市F高级中学、百色市G高级中学等中小学师生、家长们大力支持的结果。在此,向这些领导、学者、中小学校广大师生以及家长们致以崇高的敬意和衷心的感谢!

学术研究永无止境。宝剑锋从磨砺出,梅花香自苦寒来。我相信只要在专家、学者们的鞭策和指引下,通过自身坚持不懈的探索与沉淀,我在基础教育领域的研究会走得更深更远,为新时期基础教育内涵发展的贡献会更广更大。

作者:黄启明　谨上

2022年12月31日